CREATIVE
PLASTIC
CARDS

**A Selection of Credit Cards,
Bank Cards,
Membersip Cards.**

CLEATIVE PLASTIC CARDS

A Selection of Credit Cards, Bank Cards, Membership cards.

はじめに

　今日、プラスチックカードはキャッシュカード・クレジットカード・メンバーズカード等、様々な業種から多数の種類のカードが発行されており、各人が数枚のカードを所有する時代になりました。

　利用する際の便利さ特典等、今後益々数・種類共に増えていくものと思われます。特に最近の傾向として、キャラクター・プロスポーツ・自然環境保護団体・自治体イベント等、機能面でもプラスされており、各人の用途によって選択できる様にもなりました。

　本書では、素材・サイズ・更に絵柄・文字数・色数など制約の多い中で、デザイン中心に美しい物・質の高い物・オリジナリティあふれる物など約1,000点のカード作品を厳選し掲載しました。

　尚、本書発行にあたり、各企業のご厚意により快く作品をご提供頂きましたことを感謝申し上げます。また、ご提供頂きながら、誌面上掲載できなかった作品がありましたことを、ここに深くお詫び申し上げます。

クリエイティブ・プラスチックカード　編集部

FORWARD

Multitudes of plastic cards such as bank cards, credit cards, membership cards, etc. are issued today from all types of trades in all types of design, and everyone carries more than a few cards. Because of their convenience and various other benefits, plastic cards are expected to increase in number and type. Recently, pre-paid cards for admission to various events such as professional sport games or those sponsored by local governments and other organizations, or for contributions to groups for preservation of wildlife and environmental protection. We have a wide range of choice to suit our needs.

This book introduces a selection of about 1,000 cards that are appealing, high quality, and original and imaginative in design despite demanding restrictions regarding material, size, design, number of characters that can be printed or the number of colors that can be used.

We wish to thank those firms who contributed their cards for presentation in this book. We regret very much that some of the valuable pieces could not be printed because of the limited space.

Cleative Plastic Cards Editing Project

CREATIVE PLASTIC CARDS

ISBN4-900781-00-2C 3070 P15000E

First edition,October 1994

Printed in Japan

A.G.Publishers,INC.

#2A,4-13-6,Yotsuya,Shinjuku-ku,Tokyo 160 Japan

Phone 03-5269-6801 Facsimile 03-5269-6810

カード名
CARD NAME
業種名
TRADE NAME

CREATIVE
PLASTIC
CARDS

**A Selection of Credit Cards,
Bank Cards,
Membersip Cards.**

©The Walt Disney Company

三菱銀行キャッシュカード
MITSUBISHI BANK CASH-CARD
銀行
BANK

©The Walt Disney Company

三菱銀行キャッシュカード
MITSUBISHI BANK CASH-CARD
銀行
BANK

東海銀行キャッシュカード
TOKAI BANK CASH-CARD
銀行
BANK

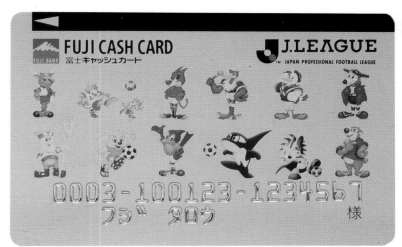

富士銀行キャッシュカード
FUJI BANK CASH-CARD
銀行
BANK

富士銀行キャッシュカード
FUJI BANK CASH-CARD
銀行
BANK

住友銀行キャッシュカード
SUMITOMO BANK CASH-CARD
銀行
BANK

住友銀行キャッシュカード
SUMITOMO BANK CASH-CARD
銀行
BANK

11

三和銀行キャッシュカード
SANWA BANK CASH-CARD
銀行
BANK

三和銀行キャッシュカード
SANWA BANK CASH-CARD
銀行
BANK

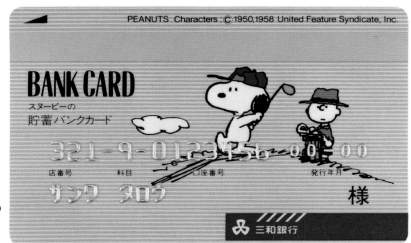

大和銀行キャッシュカード
DAIWA BANK CASH-CARD
銀行
BANK

さくら銀行キャッシュカード
SAKURA BANK CASH-CARD
銀行
BANK

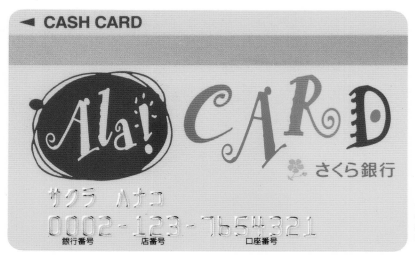

さくら銀行キャッシュカード（表）
SAKURA BANK CASH-CARD（THE SURFACE）
銀行
BANK

さくら銀行キャッシュカード（裏）
SAKURA BANK CASH-CARD（THE BACK）
銀行
BANK

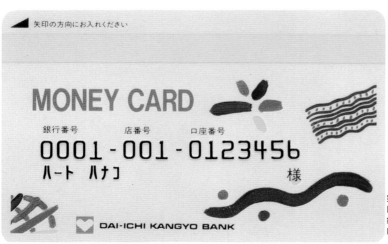

第一勧業銀行キャッシュカード
DAI-ICHI KANGYO BANK CASH-CARD
銀行
BANK

第一勧業銀行キャッシュカード
DAI-ICHI KANGYO BANK CASH-CARD
銀行
BANK

あさひ銀行キャッシュカード
ASAHI BANK CASH-CARD
銀行
BANK

あさひ銀行キャッシュカード
ASAHI BANK CASH-CARD
銀行
BANK

住友銀行キャッシュカード
SUMITOMO BANK CASH-CARD
銀行
BANK

第一勧業銀行キャッシュカード
DAI-ICHI KANGYO BANK CASH-CARD
銀行
BANK

富士銀行キャッシュカード
FUJI BANK CASH-CARD
銀行
BANK

三和銀行キャッシュカード
SANWA BANK CASH-CARD
銀行
BANK

さくら銀行キャッシュカード
SAKURA BANK CASH-CARD
銀行
BANK

三菱銀行キャッシュカード
MITSUBISHI BANK CASH-CARD
銀行
BANK

あさひ銀行キャッシュカード
ASAHI BANK CASH-CARD
銀行
BANK

大和銀行キャッシュカード
DAIWA BANK CASH-CARD
銀行
BANK

大和銀行キャッシュカード
DAIWA BANK CASH-CARD
銀行
BANK

東海銀行キャッシュカード
TOKAI BANK CASH-CARD
銀行
BANK

東海銀行キャッシュカード
TOKAI BANK CASH-CARD
銀行
BANK

南都銀行 キャッシュカード
銀行
BANK

南都銀行 キャッシュカード
銀行
BANK

西相信用金庫 法人キャッシュカード
銀行
BANK

西相信用金庫 事業者ローンカード
銀行
BANK

西相信用金庫 ローンカード
銀行
BANK

西相信用金庫 キャッシュカード
銀行
BANK

UC ゴールドカードFEST
クレジット
CREDIT

UCカード FEST
クレジット
CREDIT

UC ゴールドコーポレートカード
クレジット
CREDIT

UC コーポレートカード
クレジット
CREDIT

UCカード セレクト
クレジット
CREDIT

UC ヤングゴールドカード PREF
クレジット
CREDIT

19

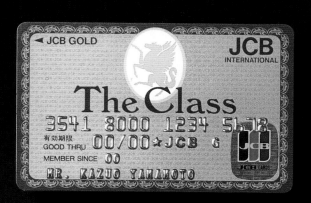

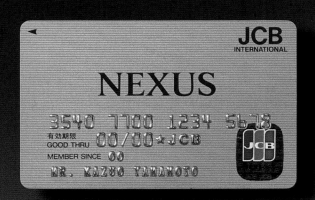

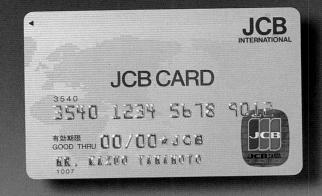

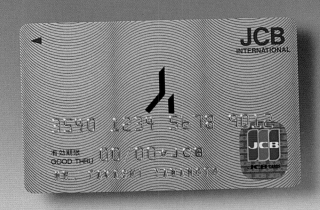

JCBゴールド「ザ・クラス」
JCB GOLD THE CLASS
クレジット
CREDIT

JCB ネクサス
JCB NEXUS
クレジット
CREDIT

JCBカード
JCB-CARD
クレジット
CREDIT

J1(ジェイ・ワン) カード
J1-CARD
クレジット
CREDIT

JCB ゴールドカード
JCB GOLD-CARD
クレジット
CREDIT

JCB グランデ
JCB GRANDE
クレジット
CREDIT

JCB レディスカード
JCB LADIES-CARD
クレジット
CREDIT

JCB トラベルカード
JCB TRAVEL-CARD
クレジット
CREDIT

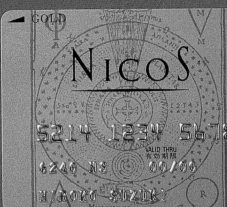

NICOSゴールドカード
クレジット
CREDIT

NICOSカード
クレジット
CREDIT

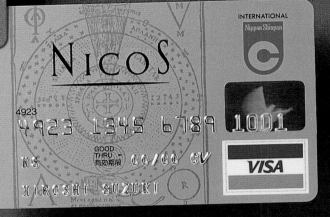

GCブリアントカード
クレジット
CREDIT

ジーシーカード
GC-CARD
クレジット
CREDIT

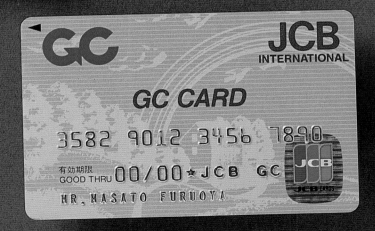

OMCカード
OMC-CARD
クレジット
CREDIT

KCカード VISA
KC-CARD VISA
クレジット
CREDIT

DCカード
DC-CARD
クレジット
CREDIT

ミリオン VIPカード（MASTER）
クレジット
CREDIT

ミリオンカード（MASTER）
クレジット
CREDIT

ミリオン ヤングゴールドカード（MASTER）
クレジット
CREDIT

ミリオン セレナカード（VISA）
クレジット
CREDIT

ミリオン I'mカード（VISA）
クレジット
CREDIT

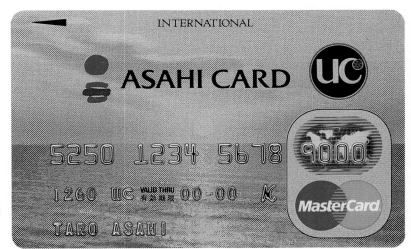

あさひカード〈UC〉ゴールド
ASAHI-CARD〈UC〉GOLD
クレジット
CREDIT

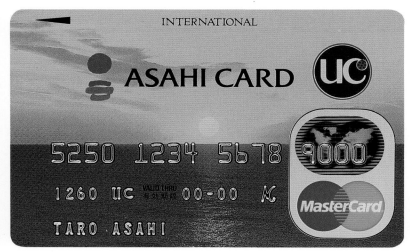

あさひカード〈UC〉
ASAHI-CARD〈UC〉
クレジット
CREDIT

あさひカード〈UC〉レディス
ASAHI-CARD〈UC〉LADY'S
クレジット
CREDIT

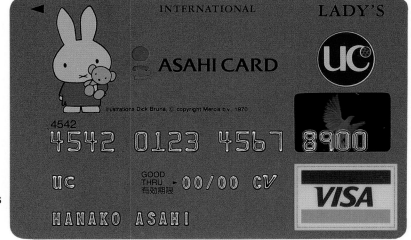

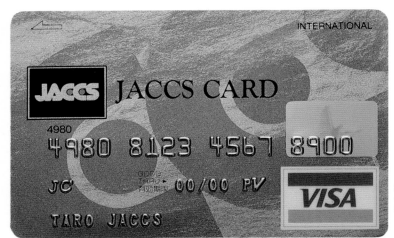

ジャックス VISAゴールドカード
クレジット
CREDIT

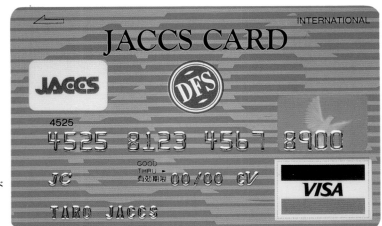

ジャックス VISAカード
クレジット
CREDIT

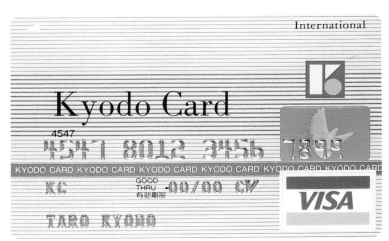

協同 VISA・一般個人カード
クレジット
CREDIT

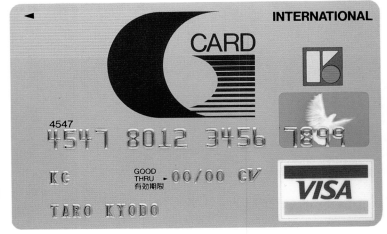

協同 VISA・Gカード
クレジット
CREDIT

ボンベルタカード
Bon Belta-CARD
百貨店
DEPARTMENT STORE

ジャスコカード
JUSCO-CARD
スーパーマーケット
SUPERMARKET

メガマートカード
MEGAMART-CARD
スーパーマーケット
SUPERMARKET

FMCカード
アパレル
APPAREL

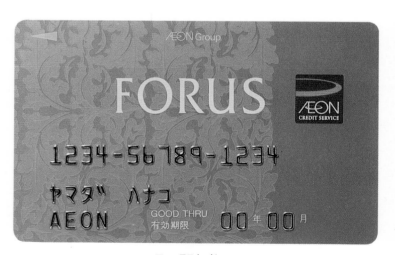

フォーラスカード
FORUS-CARD
専門店街
SHOPPING MALL

オリコカード
ORICO-CARD
クレジット
CREDIT

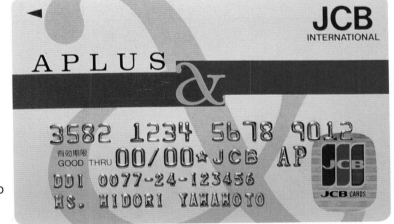

アプラスカード
APLUS-CARD
クレジット
CREDIT

CF JCBカード
クレジット
CREDIT

横浜銀行バンクカード
YOKOHAMA BANK BANK-CARD
銀行
BANK

赤い羽根カード
AKAIHANE-CARD
中央共同募金会

赤い羽根 JCBカード
中央共同募金

あしながさん DCカード
社会福祉団体
SOCIAL WELFARE ORGANIZATION

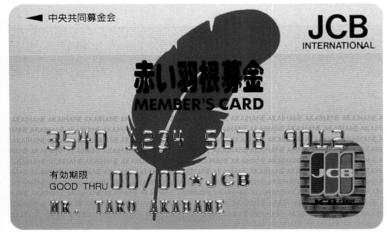

赤十字 DCカード
社会福祉団体
SOCIAL WELFARE ORGANIZATION

アーシアンカード
社会貢献
SOCIAL CONTRIBUTION

子供の森カード
オイスカ産業開発協力団

G・E・F DCカード
G・E・F DC-CARD
環境保護団体
ENVIRONMENTAL PROTECTION GROUP

セーブザチルドレンジャパンカード
社会貢献
SOCIAL CONTRIBUTION

OMC 地球市民カード
ボランティア団体
VOLUNTEER GROUP

WWFハートゴールドカード
WWF HEART GOLD-CARD
世界自然保護基金日本委員会
WORLD WIDE FUND FOR NATURE JAPAN

WWFハートカード
WWF HEART-CARD
世界自然保護基金日本委員会
WORLD WIDE FUND FOR NATURE JAPAN

WWFハートカード
WWF HEART-CARD
世界自然保護基金日本委員会
WORLD WIDE FUND FOR NATURE JAPAN

WWFハートカード
WWF HEART-CARD
世界自然保護基金日本委員会
WORLD WIDE FUND FOR NATURE JAPAN

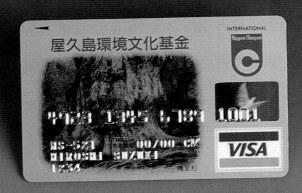

屋久島　JCBカード
屋久島環境文化財団

屋久島環境文化基金カード
屋久島環境文化財団

エコさいたま　JCBカード
環境保護団体
ENVIRONMENTAL PROTECTION GROUP

ALPINE FLORA JCBカード
日本高山植物保護協会

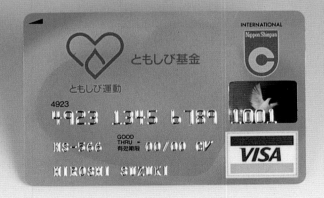

グリーナリーカード
社会貢献
SOCIAL CONTRIBUTION

野生生物基金カード
社会貢献
SOCIAL CONTRIBUTION

緑と水の森林基金カード

ともしび基金カード
社会貢献
SOCIAL CONTRIBUTION

日本動物愛護協会カード
NIHON DOBUTSUAIGO KYOKAI-CARD
日本動物愛護協会

日本動物愛護協会カード
NIHON DOBUTSUAIGO KYOKAI-CARD
日本動物愛護協会

日本動物愛護協会カード
NIHON DOBUTSUAIGO KYOKAI-CARD
日本動物愛護協会

日本盲導犬協会カード

日本野鳥の会カード
NIHON YACHONOKAI-CARD
日本野鳥の会

日本野鳥の会カード
NIHON YACHONOKAI-CARD
日本野鳥の会

日本野鳥の会カード
NIHON YACHONOKAI-CARD
日本野鳥の会

エコロジーカード

OMC エコロジーカード
OMC ECOLOGY-CARD

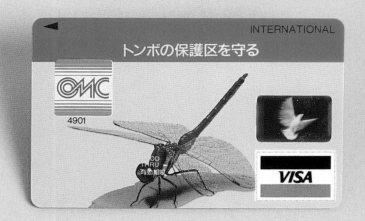

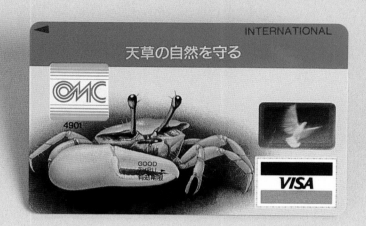

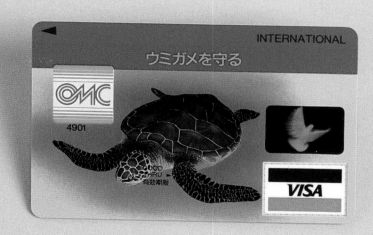

エコロジーカード

白保のサンゴを守る

尾瀬の自然を守る

地球温暖化を抑える

ブナの原生林を守る

オゾン層を守る

熱帯林を守り育てる

OMC エコロジーカード
OMC ECOLOGY-CARD

JALグローバルクラブカード
JAL GLOBAL CLUB-CARD
航空
AVIATION

JALスカイプラス・カード
JAL SKY PLUS-CARD
航空
AVIATION

JAL CLUB-A JCBカード
航空
AVIATION

ANAマリンジャンボ JCBカード
航空
AVIATION

ANA JCBカード（スーパーフライヤーズ）
航空
AVIATION

ANA JCBカード（ワイド）
航空
AVIATION

ANA JCBカード（一般）
航空
AVIATION

MR HIROYUKI SAITO
TY01234B   TYOUD 00   06/94

AIR FRANCE ///

エールフランス サービス・プラス
AIR FRANCE SERVICE PLUS
航空
AVIATION

ユナイテッド航空 マイレージ・プラス（プリミア・エグゼクティブ・メンバー用）
UNITED AIRLINES MILEAGE PLUS
航空
AVIATION

ユナイテッド航空 マイレージ・プラス（プリミア・メンバー用）
UNITED AIRLINES MILEAGE PLUS
航空
AVIATION

ユナイテッド航空 マイレージ・プラス（会員用）
UNITED AIRLINES MILEAGE PLUS
航空
AVIATION

JAS CARD・JCB
航空
AVIATION

JASカード
航空
AVIATION

大韓航空 モーニングカームクラブ会員カード
KAL MORNING CALM CLUB MEMBERSHIP-CARD
航空
AVIATION

大韓航空 FTBS会員カード
KAL FTBS MEMBERSHIP-CARD
航空
AVIATION

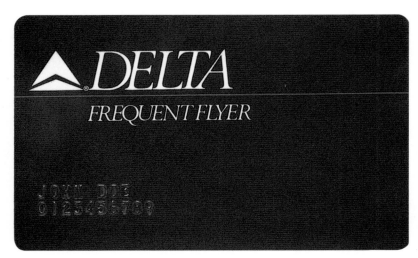

デルタ フリークエント フライヤー プログラム
DELTA FREQUENT FLYER PROGRAM
航空
AVIATION

Royal Orchid Plus
Thai Airways International
P.O. Box 567
Samsen Nai Post Office
Bangkok 10400
Thailand

Customer Service Phone No: 66 2 513 9911
Fax No: 66 2 513 0222

When making reservations, please quote your membership
number shown on this card.
Please retain all tickets and boarding passes in case
validation is required.
Access to Thai's airport lounges is only available to First
and Business class passengers.

ROYAL ORCHID Plus

dz

タイ国際航空 ロイヤル オーキッド プラス メンバーシップカード
THAI AIRWAYS ROYAL ORCHID PLUS MEMBERSHIP-CARD
航空
AVIATION

Miles & More

9920 0300 5632 744

HIROSHI TOMARU

This is not
a credit card

ルフトハンザ マイルズ アンド モア
LUFTHANSA MILES&MORE
航空
AVIATION

NWA JCBワールドパークスゴールドカード
NWA JCB WORLD PERKS GOLD-CARD
航空
AVIATION

NWA JCBワールドパークスカード
NWA JCB WORLD PERKS-CARD
航空
AVIATION

アリタリア航空 クラブ・フレッチャ・アラタカード
ALITALIA CLUB FRECCIA ALATA-CARD
航空
AVIATION

アリタリア航空 ボーナス・マイル・プログラムカード
ALITALIA BONUS MILE PROGRAM-CARD
航空
AVIATION

CREDIT CARD

Takashimaya

6941 1234 5678 9012

AKIO TAKASHIMA

TC

有効期限 GOOD THRU ▶ 00/00

タカシマヤカード
TAKASHIMAYA-CARD
百貨店
DEPARTMENT STORE

ローズクレジットカード

Nippon Shinpan

Takashimaya

1234-5678-9001

VALID THRU 有効期限

NS-887-99   00/00

HIROSHI SUZUKI

高島屋ローズカード
百貨店
DEPARTMENT STORE

◄ MITSUKOSHI

JCB
INTERNATIONAL

The First Club

3540

3540 1234 5678 9012

有効期限
GOOD THRU 00/00 ★JCB

5072-0001-2005

MS. HANA MITSUKOSHI

3006

三越 ファーストクラブJCBカード
百貨店
DEPARTMENT STORE

阪神 JCBカード
百貨店
DEPARTMENT STORE

◄

JCB
INTERNATIONAL

阪神カード
HANSHIN CARD

3540

3540 1234 5678 9012

有効期限
GOOD THRU 00/00 ★JCB

MR. TARO HANSHIN

2013

46

PIA-CARD

千葉そごうBee-Oneカード
百貨店
DEPARTMENT STORE

シンサイバシそごう リエゾンカード
百貨店
DEPARTMENT STORE

玉川髙島屋SC VISAカード
百貨店
DEPARTMENT STORE

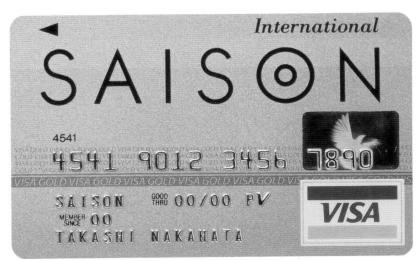

ゴールドカード〈セゾン〉インターナショナル（VISA）
GOLD-CARD〈SAISON〉INTERNATIONAL（VISA）
百貨店
DEPARTMENT STORE

〈セゾン〉カード インターナショナル（VISA）
〈SAISON〉CARD INTERNATIONAL（VISA）
百貨店
DEPARTMENT STORE

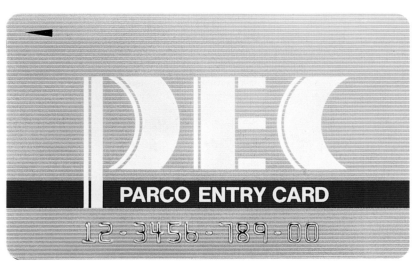

パルコ エントリーカード
PARCO ENTRY-CARD
専門店街
SHOPPING MALL

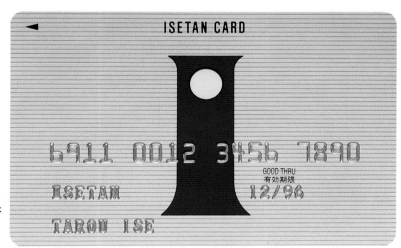

ISETAN CARD

6911 0012 3456 7890

ISETAN   GOOD THRU
              有効期限 12/96

TAROU ISE

伊勢丹ファイナンス アイカード
百貨店
DEPARTMENT STORE

passport
KEIO CARD

0015 1234 5678 9006

KEIO   有効期限 00-00   KEIO
タイオウ ハナコ

京王 パスポートカード
百貨店
DEPARTMENT STORE

◀定額払いカード

DAIMARU EXCEL CARD

163-456-7890

ダイマル ヨシコ   ミホン

〈お支払い方法〉   I   有効期限 00-00 末迄
●一括●2回●定額●指定月●ボーナス

大丸 エクセルカード
百貨店
DEPARTMENT STORE

◀大丸エクセル スウィング カード

DAIMARU EXCEL
CARD

Swing

153-456-7890

ダイマル ヨシコ   ミホン

〈お支払い方法〉   Y   有効期限 00-00 末迄
●一括●2回●分割●分割,特定月増額●指定月●ボーナス

大丸 エクセルスウィングカード
百貨店
DEPARTMENT STORE

松屋 メンバーズカード
百貨店
DEPARTMENT STORE

松屋友の会（クラブMG）会員証
百貨店
DAPARTMENT STORE

丸栄 ユーイングカード
百貨店
DEPARTMENT STORE

阪急東宝クレジットサービス　ベルソナカード
HANKYU TOHO CREDIT SERVICE PERSONA-CARD
流通
DISTRIBUTION

八木橋 カトレアサークルカード
百貨店
DEPARETMENT STORE

小田急 フリーカード
ODAKYU FREE-CARD
百貨店
DEPARTMENT STORE

松坂屋 日本信販カード
百貨店
DEPARTMENT STORE

松坂屋カトレアカード
百貨店
DEPARTMENT STORE

東武友の会 ゴールド会員証
百貨店
DEPARTMENT STORE

東武友の会 一般会員証
百貨店
DEPARTMENT STORE

東武プロパーカード
百貨店
DEPARTMENT STORE

キッズクラブ会員証
百貨店
DEPARTMENT STORE

TOBU
6025-9771-56-3
46
東武友の会会員証

TOBU
6161-9461-56-7
46
東武友の会会員証

TOBU CARD
TOBU
1234 5678 90 3
NOBUKO AZUMA
tobu 有効期限 99-12

CRESSON
クレソンキッズクラブ
KIDS CLUB
6955-2481-56-9
TOBU

OMC プランタン デュエットカード
OMC PRINTEMPS DUET-CARD
百貨店
DEPARTMENT STORE

Pカード
P-CARD
百貨店
DEPARTMENT STORE

インターナショナル プランタンGINZAカード（VISA）
INTERNATIONAL PRINTEMPS GINZA-CARD
百貨店
DEPARTMENT STORE

東急TOPゴールドカード（TOP・VISA）
流通
DISTRIBUTION

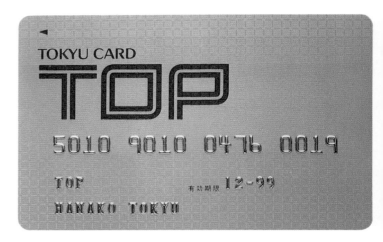

東急TOPホワイトカード
流通
DISTRIBUTION

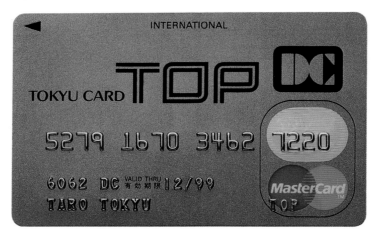

東急TOPゴールドカード（TOP・DC MASTER）
流通
DISTRIBUTION

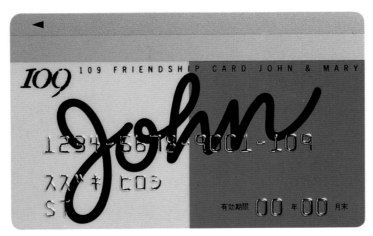

109ジョンカード
専門店街
SHOPPING MALL

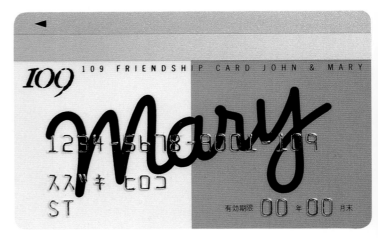

109メリーカード
専門店街
SHOPPING MALL

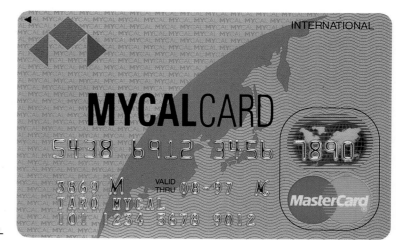

INTERNATIONAL

MYCALCARD

5438 6912 3456 7890

3869 M VALID THRU 08-97 M
TARO MYCAL
101 1234 5678 9012

MasterCard

マイカルカード
MYCAL-CARD
専門店街
SHOPPING MALL

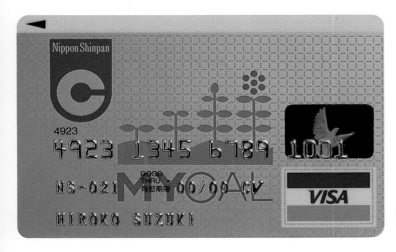

Nippon Shinpan

4923
4923 1345 6789 1001

NS-021 GOOD THRU 有効期限 00/00 CV MYCAL

VISA

HIROKO SUZUKI

MYCAL VISAカード
専門店街
SHOPPING MALL

4923
MYCAL
4923 1345 6789 1001

NS-021 GOOD THRU 有効期限 00/00 CV

VISA

HIROKO SUZUKI

MYCAL VISAカード
専門店街
SHOPPING MALL

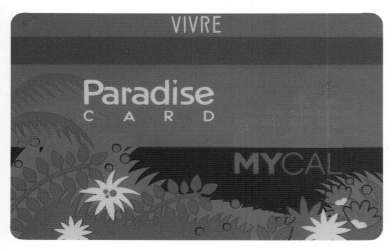

VIVRE

Paradise
CARD

MYCAL

パラダイスカード
専門店街
SHOPPING MALL

ルミネ倶楽部（ルミネ北千住ポイントカード）
専門店街
SHOPPING MALL

KISS CLUB（ルミネ大宮メンバーズカード）
専門店街
SHOPPING MALL

カミンカード
ショッピングセンター
SHOPPING CENTER

テルミナカード
ステーションビル

56

近鉄ショッピングカード
百貨店
DEPARTMENT STORE

近鉄グループカード「Kips」
百貨店
DEPARTMENT STORE

新梅田シティーカード
専門店街
SHOPPING MALL

新梅田シティーカード
専門店街
SHOPPING MALL

近鉄ショッピングカード
百貨店
DEPARTMENT STORE

YOUR CREDIT IDENTIFICATION FOR USE AT THE YAMAKO DEPARTMENT STORE

YAMAKO DEPARTMENT STORE
FAMILY CARD

1234-5678-9001-140

スズ゛キ ヒロコ

有効期限 00年 0 月末

山交ファミリーカード
百貨店
DEPARTMENT STORE

IWATAYA GROUP
CREDIT CARD
ai CARD

1234-5678-9001-908

スズ゛キ ヒロシ
84 KURUME

有効期限 00年 00月末

久留米岩田屋アイカード
百貨店
DEPARTMENT STORE

YM-CAL

VIVRE 21

1234-5678-9001-155V

スズ゛キ ヒロコ
NS21

00年 0月末 Aコース
有効期限

ビブレ21カード
専門店街
SHOPPING MALL

UNY CARD

1234-5678-9001-017

スズ゛キ ヒロシ

有効期限 00年 0 月末

ユニーカード
チェーンストア
CHAIN STORE

ベルコモンズカード
専門店街
SHOPPING MALL

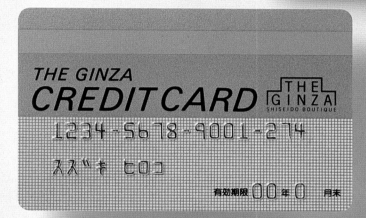

資生堂 THE GINZA CREDIT-CARD
専門店
SPECIALTY SHOP

ラフォーレ P's and Q's インターナショナル
LAFORET P's and Q's INTERNATIONAL
専門店街
SHOPPING MALL

ラフォーレ P's and Q's IDカード
LAFORET P's and Q's ID-CARD
専門店街
SHOPPING MALL

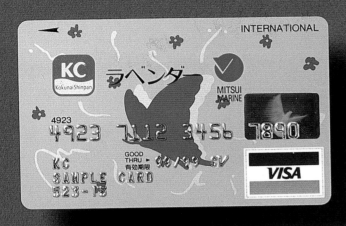

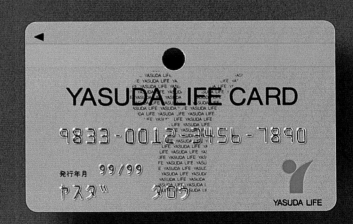

ラベンダー/KC VISA
火災保険
FIRE INSURANCE

富士火災カード/KC マスターカード
火災保険
FIRE INSURANCE

太陽ヒマワリカード
生命保険
LIFE INSURANCE

安田生命カード
YASUDA LIFE-CARD
生命保険
LIFE INSURANCE

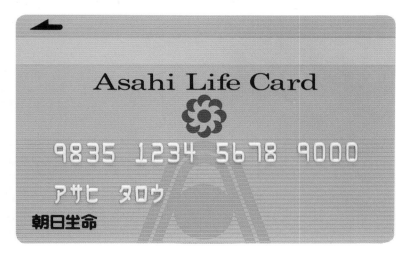

朝日ライフカード
ASAHI LIFE-CARD
生命保険
LIFE INSURANCE

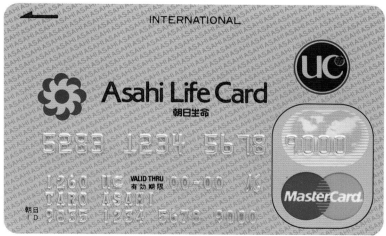

朝日ライフカード
ASAHI LIFE-CARD
生命保険
LIFE INSURANCE

住友生命 AL（アメニティ ライフ）カード
生命保険
LIFE INSURANCE

第一生命カード
DAI-ICHI SEIMEI-CARD
生命保険
LIFE INSURANCE

ザ・スポーツコネクション メンバーズカード
THE SPORTS CONNECTION MEMBERSHIP-CARD
スポーツクラブ
SPORT CLUB

クラーク・ハッチ・エグゼクティブ・ベイ・クラブ
CLARK HATCH EXECUTIVE BAY CLUB
スポーツクラブ
SPORT CLUB

ベルツリー スペシャルメンバーズカード
フィットネスクラブ
FITNESS CLUB

ベルツリー メンバーズカード
フィットネスクラブ
FITNESS CLUB

アックアセレーナ JCBカード(一般)
スポーツクラブ
SPORT CLUB

アックアセレーナ JCBカード(ゴールド)
スポーツクラブ
SPORT CLUB

ジ・アドバンスドクラブエックスワン　メンバーズカード
スポーツクラブ
SPORT CLUB

ピープルスポーツクラブ　メンバーズカード
スポーツクラブ
SPORT CLUB

ユナイテッド・スポーツクラブエグザス　メンバーズカード
スポーツクラブ
SPORT CLUB

リポーゾ メンバーズカード
riposo MEMBERSHIP-CARD
フィットネスクラブ
FITNESS CLUB

ティップネス メンバーズカード
TIPNESS MEMBERSHIP-CARD
フィットネスクラブ
FITNESS CLUB

Win JCBカード
スポーツクラブ
SPORT CLUB

スダック メンバーズカード
SUDAC MEMBERSHIP-CARD
スポーツクラブ
SPORT CLUB

MEMBERS' CLUB III

4J - 100000
ケイオウ タロウ
有効期限 00/00

京王プラザホテル メンバーズクラブ IIIII カード
ホテル
HOTEL

京王プラザホテル エグゼクティブカード
KEIO PLAZA HOTEL EXECUTIVE-CARD
ホテル
HOTEL

KEIO PLAZA HOTEL
Executive
8687-3101-000000-00
TAROH KEIO
11/96

京王プラザホテル レディスくらぶカード
ホテル
HOTEL

ぷらざレディスくらぶ
PLAZA LADIES' CLUB
HANAKO KEIO
000000 有効期限 00 年 00 月末

CENTURY CLUB INTERNATIONAL MEMBERSHIP-CARD
ホテル
HOTEL

センチュリークラブ メンバーズカード
ホテル
HOTEL

銀座東武ホテル ルネッサンスクラブ会員証
GINZA TOBU TOKYO RENAISSANCE HOTEL
RENAISSANCE CLUB MEMBERSHIP-CARD
ホテル
HOTEL

ニューオータニ クラブカード
THE NEW OTANI CLUB-CARD
ホテル
HOTEL

KOBE BAY SHERATON
ANCHOR CLUB
MEMBERSHIP CARD

1234-5678-9001-057

00/00

HIROSHI SUZUKI
123456

アンカークラブカード

ゴールデンアンカークラブカード

KOBE BAY SHERATON
GOLDEN ANCHOR CLUB
MEMBERSHIP CARD

1234-5678-9001-057

00/00

HIROSHI SUZUKI
123456

HILTON
CLUB
JAPAN

1234-5678-9001-918

VALID THRU
TYOHI   00/00
HIROSHI SUZUKI

ヒルトンクラブカード
ホテル
HOTEL

ヒルトンクラブカード
ホテル
HOTEL

HILTON
CLUB

1234-5678-9001-918

VALID THRU 有効期限
TYOHI   00/00
HIROKO SUZUKI

Hilton
International JAPAN
TOKYO・TOKYO BAY・OSAKA・NAGOYA

HILTON
CLUB
JAPAN

3540

3540 1234 5678 9012

有効期限
GOOD THRU 00/00☆JCB
MR. TARO HILTON
2963

JCB
INTERNATIONAL

ヒルトンクラブジャパン JCBカード
ホテル
HOTEL

リーガロイヤルカード
ホテル
HOTEL

帝国ホテル ゴールデンライオンメンバーシップカード
ホテル
HOTEL

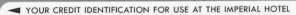

帝国ホテルクレジットカード
ホテル
HOTEL

ザ ホテル ヨコハマ ミスターアンドミセスカード
THE HOTEL YOKOHAMA Mr.& Mrs.CARD
ホテル
HOTEL

ザ ホテル ヨコハマ レディースクラブ
THE HOTEL YOKOHAMA LADIES CLUB
ホテル
HOTEL

京都ホテル レディースクラブメンバーズUCカード
KYOTO HOTEL LADY'S CLUB UC-CARD
ホテル
HOTEL

ASPIRE CLUB UCカード
ASPIRE CLUB UC-CARD
ホテル
HOTEL

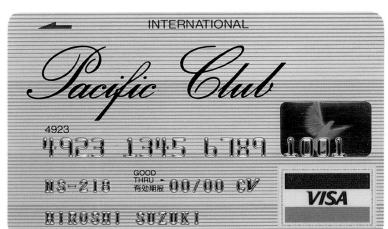

TOKYU INN CHAIN

TOKYU
REICLUB

6300-0000000

東急インチェーン 東急レイクラブカード
ホテル
HOTEL

DMC
Dai ichi Hotel
Members
Club

01 23 4567 8 9 D

ダイイチ タロウ

有効期限 04/97
GOOD THRU

第一ホテル メンバーズクラブカード
DAI-ICHI HOTELS MEMBERSHIP CLUB-CARD
ホテル
HOTEL

INTERNATIONAL

Pacific Club

4923
4923 1345 6789 1001

NS-218   GOOD THRU ► 有効期限 00/00 CV

HIROSHI SUZUKI

VISA

パシフィック クラブカード
ホテル
HOTEL

INTERNATIONAL

ORIENTAL
CLUB

OMC
4901

GOOD THRU
有効期限
SINCE 1870

VISA

OMC オリエンタルクラブカード
OMC ORIENTAL CLUB-CARD
ホテル
HOTEL

ホテルグランドパレス クレジットカード
HOTEL GRAND PALACE CREDIT-CARD
ホテル
HOTEL

ザ・マンハッタンクラブ
THE MANHATTAN CLUB
ホテル
HOTEL

WASHINGTON-CARD
ホテル
HOTEL

都クラブ メンバーズカード
ホテル
HOTEL

ホテルプラザ シンデレラクラブカード
ホテル
HOTEL

名古屋観光マルコポーロカード
ホテル
HOTEL

名古屋観光ホテルカード
ホテル
HOTEL

オリエンタルホテルクレジットカード
ホテル
HOTEL

ビンテイジクラブカード
ホテル
HOTEL

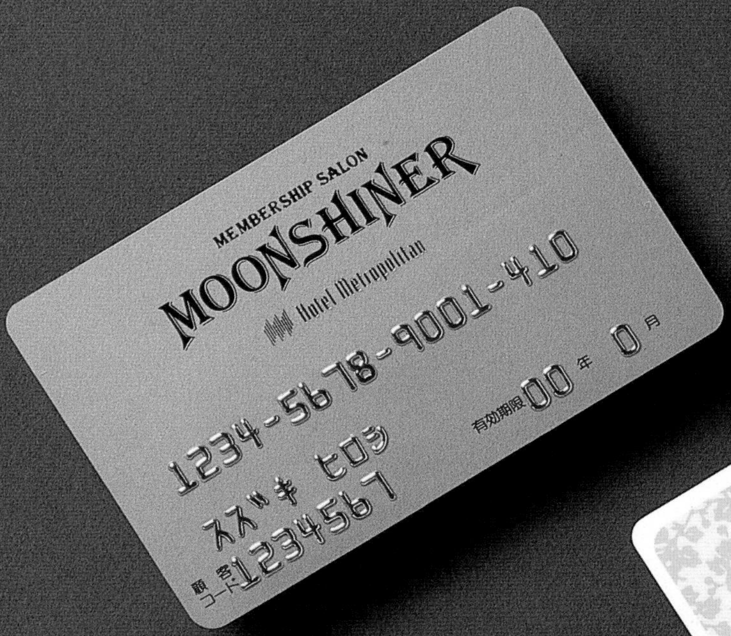

ムーンシャイナーカード
ホテル
HOTEL

アイリスクラブカード
ホテル
HOTEL

メトロポリタンクラブカード
ホテル
HOTEL

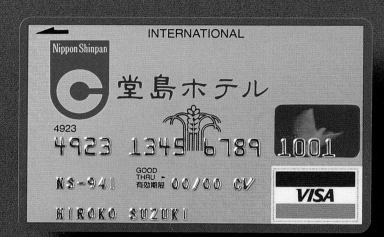

堂島ホテルメンバーズカード
ホテル
HOTEL

GRHファミリークラブカード（JCB）
ホテル
HOTEL

ホテル函館ロイヤル　こぶし会カード
ホテル
HOTEL

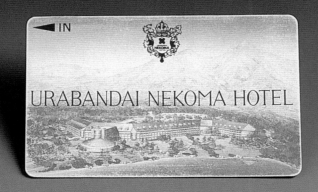

裏磐梯猫魔ホテル カードキー
CARD KEY
ホテル
HOTEL

裏磐梯猫魔ホテル カードキー
CARD KEY
ホテル
HOTEL

裏磐梯猫魔ホテル カードキー
CARD KEY
ホテル
HOTEL

ワシントンホテル カードキー
CARD KEY
ホテル
HOTEL

シェラトン カードキー
CARD KEY
ホテル
HOTEL

ザ・マンハッタン カードキー
CARD KEY
ホテル
HOTEL

昭和シェル石油　パスポートカード
SHOWA SHELL SEKIYU PASSPORT-CARD
ガソリン
GASOLINE

ストークカード
ガソリン
GASOLINE

日石WELL-UPカード
ガソリン
GASOLINE

ONE-UP STUDENTカード
ガソリン
GASOLINE

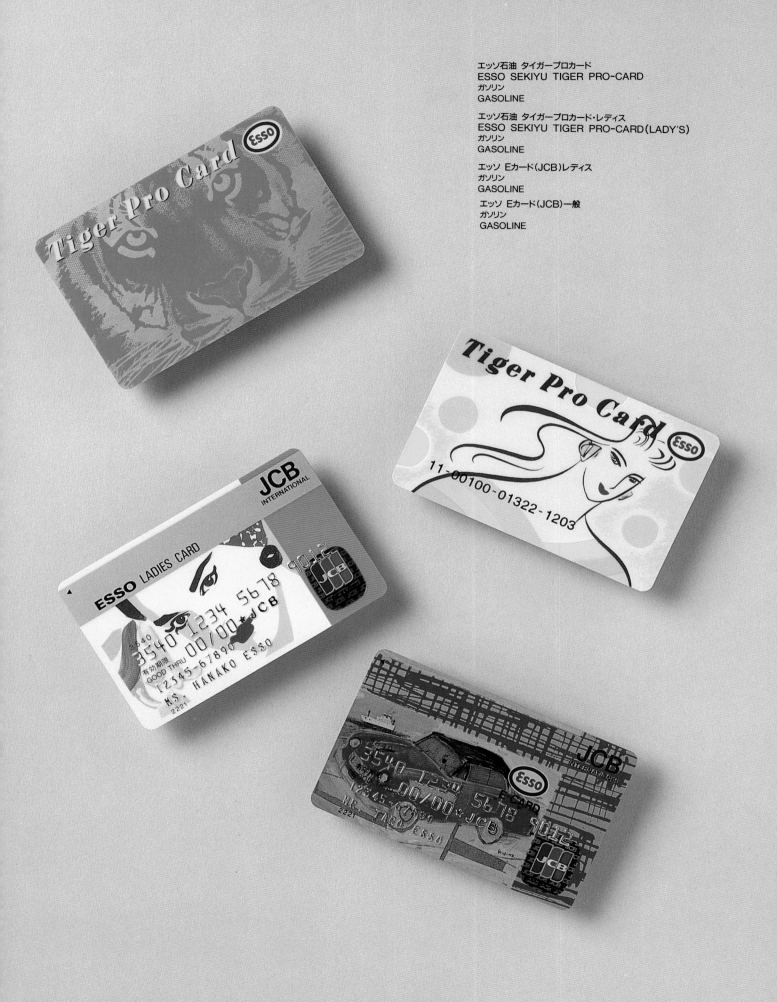

エッソ石油 タイガープロカード
ESSO SEKIYU TIGER PRO-CARD
ガソリン
GASOLINE

エッソ石油 タイガープロカード・レディス
ESSO SEKIYU TIGER PRO-CARD（LADY'S）
ガソリン
GASOLINE

エッソ Eカード（JCB）レディス
ガソリン
GASOLINE

エッソ Eカード（JCB）一般
ガソリン
GASOLINE

オールマイティ フレックスカード
ガソリン
GASOLINE

商品限定フレックスカード
ガソリン
GASOLINE

サンオータスキャッシュメンバーズカード
ガソリンスタンド
GAS STATION

サンオータスメンバーズカード
ガソリンスタンド
GAS STATION

林兼パートナーカード
ガソリンスタンド
GAS STATION

林兼 パートナーカード
ガソリンスタンド
GAS STATION

出光興産 出光カード
IDEMITSU KOSAN IDEMITSU-CARD
ガソリン
GASOLINE

ジョモカード
ガソリン
GASOLINE

コスモ石油 コスモ・ザ・カード
COSMO THE-CARD
ガソリン
GASOLINE

日石 ONE・UPカード CASH（Argent）
ガソリン
GASOLINE

日石 ONE・UPカード
ガソリン
GASOLINE

出光興産 まいどカード
IDEMITSU KOSAN MYDO-CARD
ガソリン
GASOLINE

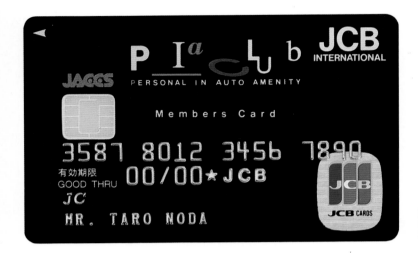

PIA CLUB JACCSカード
カー用品販売
SALE OF AUTOMOTIVE PARTS AND ACCESSORIES

イエローハットトラスト・カード
YELLOW HAT TRUST-CARD
カー用品販売
SALE OF AUTOMOTIVE PARTS AND ACCESSORIES

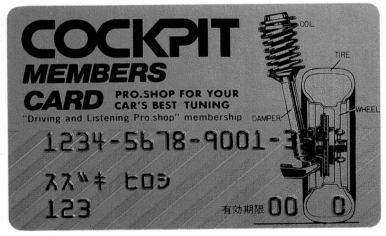

コクピット メンバーズカード
カー用品販売
SALE OF AUTOMOTIVE PARTS AND ACCESSORIES

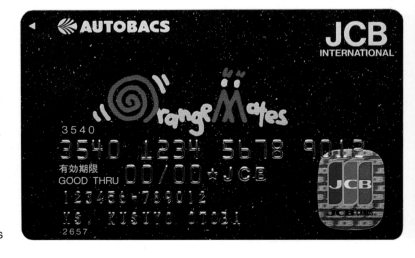

オレンジメイツ JCBカード
カー用品販売
SALE OF AUTOMOTIVE PARTS AND ACCESSORIES

ロータスメイトカード
LOTAS MATE-CARD

ユーカード
U-CARD
日本中古自動車販売協会連合会

ユーカード
U-CARD
日本中古自動車販売協会連合会

JAF DCカード
JAF DC-CARD
レジャー・サービス
LEISURE・SERVICES

ピレリーコルサライセンスカード
カー用品販売
SALE OF AUTOMOTIVE PARTS AND ACCESSORIES

オリックスレンタカー JCBカード
レンタカー
CAR RENTAL

NO.1 CLUB UCカード
NO.1 CLUB UC-CARD
レンタカー
CAR RENTAL

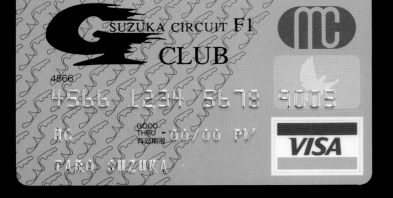

スズカサーキット F1Gクラブカード
レジャー
LEISURE

スズカサーキット SMSCライセンスカード
レジャー
LEISURE

アンフィニVISAカード
自動車販売
SALE OF AUTOMOBILES

ブリヂストンタイヤショップグループカード
カー用品販売
SALE OF AUTOMOTIVE PARTS AND ACCESSORIES

Nakamitsu VIP-CARD
自動車販売
SALE OF AUTOMOBILES

SLIM BEAUTY HOUSE MEMBERSHIP-CARD
エステティック
ESTHETIC SALON

エステティックサロンゲランパリ メンバーズカード
エステティック
ESTHETIC SALON

エスティックス・ボゥ メンバーズカード
estix·voeux MEMBERSHIP-CARD
エステティック
ESTHETIC SALON

ソシエdeエステ銀座ワールド メンバーズカード
エステティック
ESTHETIC SALON

エステdeミロード ビジターカード
エステティック
ESTHETIC SALON

エステdeミロード メンバーズカード
エステティック
ESTHETIC SALON

エステdeミロード ゴールドメンバーズカード
エステティック
ESTHETIC SALON

エルセーヌ メンバーズカード
エステティック
ESTHETIC SALON

ジバンシイ メンバーズカード
化粧品
COSMETICS

エスティローダー メンバーズカード
化粧品
COSMETICS

クラランス メンバーズカード
化粧品
COSMETICS

イプサ IDカード
化粧品
COSMETICS

マリークゥントコスメチックスジャパン メンバーズカード
化粧品
COSMETICS

カリタ メンバーズカード
化粧品
COSMETICS

ROC カスタマーズカード
ROC CUSTOMERS-CARD
化粧品
COSMETICS

MEMBER'S CARD 1994

花椿
CLUB

SHISEIDO

有効期限 '94年12月31日

MapleCircle

資生堂 花椿CLUB メンバーズカード
化粧品
COSMETICS

INTERNATIONAL
Nippon Shinpan

COSMETICS
HOUSE

4923

4923 1345 6789 1001

NS-989
HIROSHI SUZUKI
ABCDEFGHIJKLM 12345

GOOD
THRU
各地期間 00/00 CV

VISA

コスメティックハウスカード

COSMETICS FACE HOUSE

MEMBERS CARD

1234-5678-9001-560
スズキ ヒロシ

有効期限 00年 0月末

店名 COSMETICS HOUSE

COSMETICS FACE HOUSE メンバーズカード

UC 花キューピットカード
UC FLOWER CUPID-CARD
日本生花通信配達協会

HANA MEMBERS DCカード
HANA MEMBERSHIP DC-CARD
環境団体
ENVIRONMENTAL ORGANIZATION

アピエ OMCカード
APIE OMC-CARD
専門店街
SHOPPING MALL

Coinature(コアネイチャー)JCBカード((レディス)

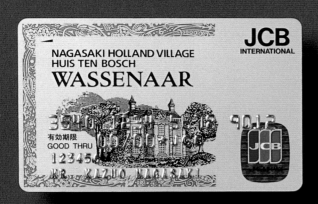

ハウステンボス ワッセナークラブ JCBカード
レジャー
LEISURE

ハウステンボス 大航海倶楽部 JCBカード
レジャー
LEISURE

ハウステンボス マリンクラブ JCBカード
レジャー
LEISURE

ハウステンボス モーレンクラブ会員カード
レジャー
LEISURE

Ⓒハウステンボス

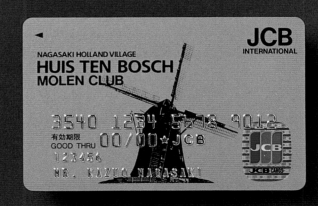

ザ・PGAクラブカード
日本プロゴルフ協会
JAPAN PROFESSIONAL GOLFERS' ASSOCIATION

JCB ザ・PGAクラブカード
日本プロゴルフ協会
JAPAN PROFESSIONAL GOLFERS' ASSOCIATION

CLUB JCB 大相撲倶楽部

JCB 大相撲倶楽部カード

花博記念カード
博覧会
EXHIBITION

神戸カード

世界リゾート博記念カード
博覧会
EXHIBITION

SHINSHU EXPOSITION '93カード

ヨコハマグリーンスクエアーカード
よこはま緑の街づくり基金

博多祇園 山笠カード

ときめき小田原夢まつりカード

平安遷都1200年記念カード
社会貢献
SOCIAL CONTRIBUTION

東四国国体記念カード
スポーツ大会
ATHLETIC MEETS

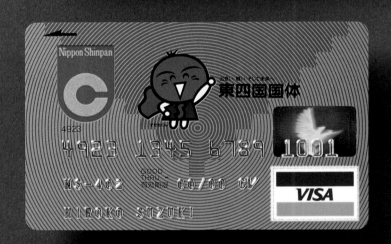

東四国国体カード
スポーツ大会
ATHLETIC MEETS

わかしゃち国体カード
スポーツ大会
ATHLETIC MEETS

石川国体カード
スポーツ大会
ATHLETIC MEETS

ふくしま国体カード
スポーツ大会
ATHLETIC MEETS

山形べにばな国体記念カード
スポーツ大会
ATHLETIC MEETS

とびうめ国体記念カード
スポーツ大会
ATHLETIC MEETS

祭りカード

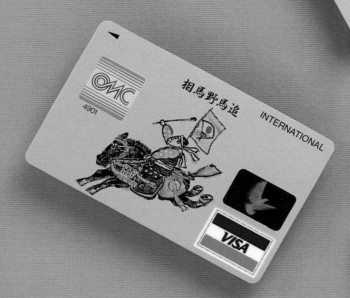

OMC 祭りカード
OMC MATSURI-CARD

ピーターパンカード
PETER PAN-CARD
日本児童家庭文化協会

ピーターパンカード
PETER PAN-CARD
日本児童家庭文化協会

ピーターパンカード
PETER PAN-CARD
日本児童家庭文化協会

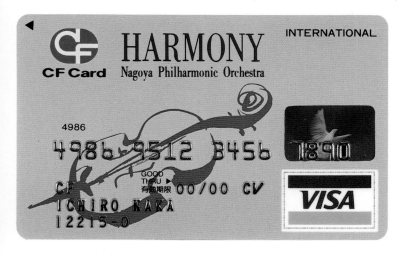

名フィルカード HARMONY
交響楽団
SYMPHONY ORCHESTRA

オリコ ホロンカード
ORICO HOLON-CARD
古代オリエント博物館

花のれんカード
HANANOREN-CARD
専門店
SPECIALTY SHOP

吉祥寺カード
KICHIJOJI-CARD
専門店街
SHOPPING MALL

カミーノカード
開発
DEVELOPMENT

アルピコカード

S.R.C.VISAジョイントカード
専門店
SPECIALTY SHOP

FBSFカード
福岡県ボートセイリング連盟

アトレカード
百貨店
DEPARTMENT STORE

サカグチロイヤルカード

パセオカード
開発
DEVELOPMENT

ATCクレジットカード
アジア太平洋トレードセンター

天神コアカード
ショッピングセンター
SHOPPING CENTER

GATHERカード

三貴 日本信販VISAカード
アパレル
APPAREL

サクラヤカード
専門店
SPECIALTY SHOP

コクピット メンバーズカード
カー用品販売
SALE OF AUTOMOTIVE PARTS AND ACCESSORIES

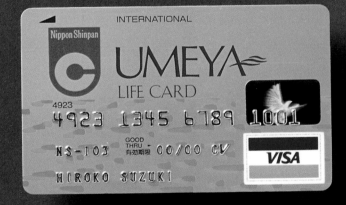

梅屋ライフVISAカード
百貨店
DEPARTMENT STORE

マツビシスペースVISAカード
百貨店
DEPARTMENT STORE

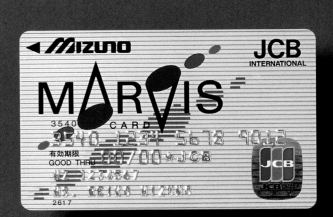

京急NAGISA DCカード
鉄道
RAILWAY

ミズノマービス JCBカード
スポーツ用品販売
SALE OF SPORT GOODS

オーガスタプラザ JCBカード
ショッピングセンター
SHOPPING CENTER

東京ペレフットボールクラブ UCカード
TOKYO PELE FOOTBALL CLUB UC-CARD
スポーツクラブ
SPORTS CLUB

UC NORCメンバーズカード
UC NIPPON OCEAN RACING CLUB-CARD
サービス
SERVICE

UC 東京フィルメンバーズカード
UC TOKYO PHILHARMONIC ORCHESTRA-CARD
サービス
SERVICE

ソニーカード エンターティメント DCカード

ソニー ファミリーカード
クレジット
CREDIT

CLUB JCB

フラワークラブ　　　　　　　　　グルメクラブ　　　　　　　　レディスゴルフクラブ　　　　　チケットクラブ

海外赴任サービス

健康家族倶楽部

乗馬倶楽部

ドライバーズクラブ

沖縄カード
OKINAWA-CARD

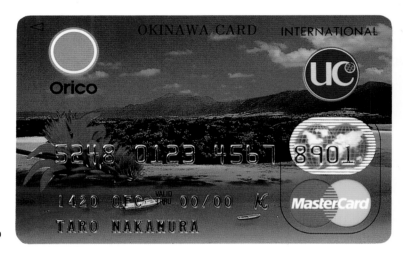

沖縄カード
OKINAWA-CARD

ツインクルクラブカード
TWINKLE CLUB-CARD
鉄道
RAILWAY

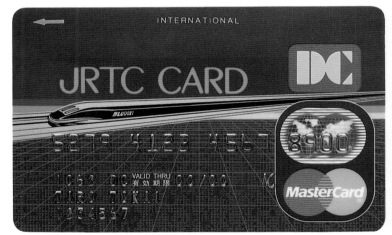

JR東海 DCカード
鉄道
RAILWAY

NBA カード（ブルズ）
プロバスケットボールチーム
PROFESSIONAL BASKETBALL TEAM

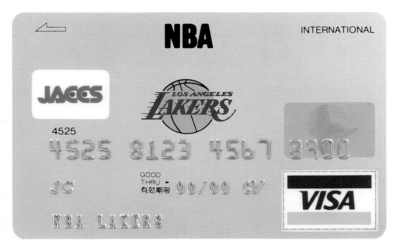

NBA カード（レイカーズ）
プロバスケットボールチーム
PROFESSIONAL BASKETBALL TEAM

グランパスファン ミリオンカード（MASTER）
ファンクラブ
FAN CLUB

ジャックス VINOカード
スポーツ用品販売
SALE OF SPORT GOODS

首里城基金カード
海洋博覧会記念公園管理財団

姫路城カード

熊本こころの電話カード

ラムサール釧路カード
社会貢献
SOCIAL CONTRIBUTION

TOYAMA VIVID Gカード
富山県家具組合連合会

関根電化メンバーズカード
家電販売
SALE OF ELECTRIC APPLIANCES FOR HOME USE

コマヤカード
専門店
SPECIALTY SHOP

札響カード
交響楽団
SYMPHONY ORCHESTRA

江津湖カード

岡山市制100周年カード
社会貢献
SOCIAL CONTRIBUTION

堺市制100周年カード
社会貢献
SOCIAL CONTRIBUTION

仙台市制100周年カード
社会貢献
SOCIAL CONTRIBUTION

水戸市制100年記念カード
社会貢献
SOCIAL CONTRIBUTION

旭川市開基100年記念カード
社会貢献
SOCIAL CONTRIBUTION

シスペックカード

エプロンカード
西新道錦会

セリオンカード
ショッピングセンター
SHOPPING CENTER

サゴーカード
ショッピングセンター
SHOPPING CENTER

ワールドVISAカード
アパレル
APPAREL

ロイヤルパシフィカカード

すまいりんぐNS VISAカード
専門店
SPECIALTY SHOP

シルバーリードVISAカード

ゆう遊倶楽部カード
レジャー
LEISURE

NIPPON CARRIEREカード

アリスオリジナルカード
アパレル
APPAREL

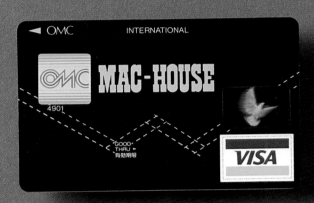

銀座東武ホテル バー「光琳」ボトルメンバーカード
バー
BAR

OMC マックハウスカード
OMC MAC-HOUSE-CARD
アパレル
APPAREL

パオ メンバーズ/KC マスターカード
飲食店
RESTAURANT

CLUB EASY UCカード
CLUB EASY FM OSAKA 851 UC-CARD
ラジオ局
RADIO STATION

J·PRESS AOYAMA-CARD
アパレル
APPAREL

POLO GINZA-CARD
アパレル
APPAREL

ブルックブラザーズVISA
アパレル
APPAREL

アバハウス インターナショナルメンバーズカード
アパレル
APPAREL

中山道恵那 遊カード
商店街振興組合

パルエースカード

太陽サウンドオンカード
家電販売
SALE OF ELECTRIC APPLIANCES FOR HOME USE

A-TRIPPERカード

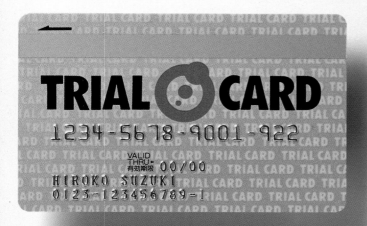

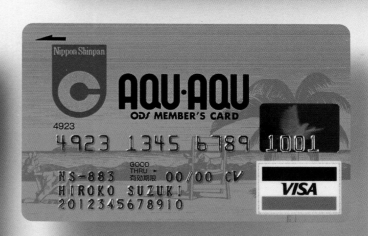

イムズクラブVISAカード
ショッピングセンター
SHOPPING CENTER

ODS INT'L-CARD
スポーツ用品販売
SALE OF SPORT GOODS

トライアルカード
家電販売
SALE OF ELECTRIC APPLIANCES FOR HOME USE

イズムハママツカード

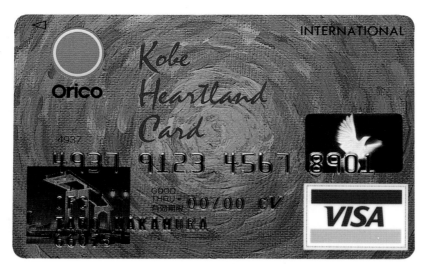

こうべハートランドカード
KOBE HEARTLAND-CARD

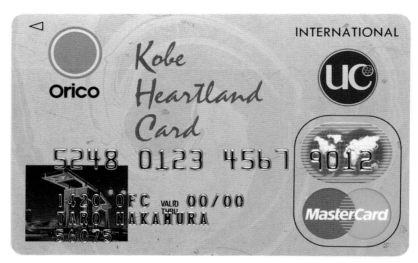

こうべハートランドカード
KOBE HEARTLAND-CARD

こうべハートランドカード
KOBE HEARTLAND-CARD

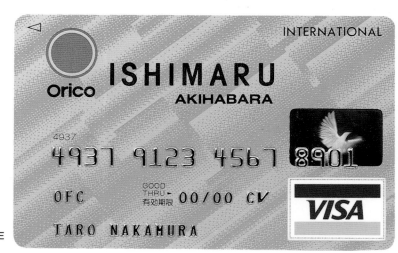

ISHIMARU SHOPPING-CARD
家電販売
SALE OF ELECTRIC APPLIANCES FOR HOME USE

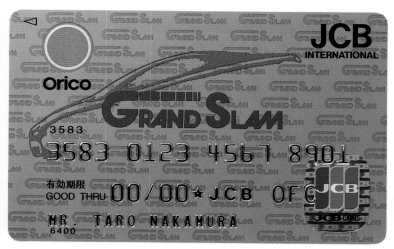

グランドスラムカード
GRAND SLAM-CARD
ゴルフ用品販売
SALE OF GOLF GOODS

さんちか メンバーズカード
SANTICA MEMBERS-CARD
専門店街
SHOPPING MALL

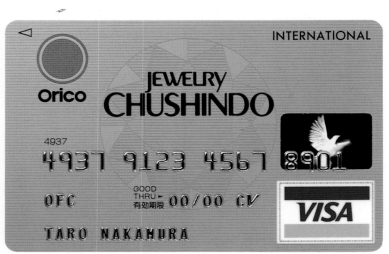

中真堂カード
CHUSHINDO-CARD
宝石店
JEWELRY SHOP

東武ブライダルクラブ会員証
百貨店
DEPARTMENT STORE

UC グルメ館倶楽部会員証

シェラトン レディースグルメクラブ
SHERATON LADIES GOURMET CLUB

UC アイテル倶楽部会員証

花嫁会 メンバーズカード
美容室
BEAUTY PARLOR

NO. 花嫁会 NAME
MEMBER'S CARD

DISCOUNT SPECIALITY'S
リグレ
Rigre
◀ OFF PRICE CLUB

リグレ OFF PRICE CLUBカード
ディスカウント
DISCOUNT

MEMBER'S CARD
SOUND HOUSE
Potato

ポテト メンバーズカード
カラオケ
KARAOKE BAR

リッカーファミリーサークル
CRFC

リッカーファミリーサークルメンバーズカード
RICCAR FAMILY-CIRCLE MEMBERSHIP-CARD

SHISEIDOカード
化粧品
COSMETICS

花椿クラブカード
化粧品
COSMETICS

資生堂パーラーカード
飲食店
RESTAURANT

イマージュクラブ MCカード
通信販売
MAIL ORDER

ワーキストカード
人材派遣
DISPATCH OF PERSONNEL

チャミーズカード/KC マスターカード
アパレル
APPAREL

JACK IN THE BOX JCBカード
美術館
ART MUSEUM

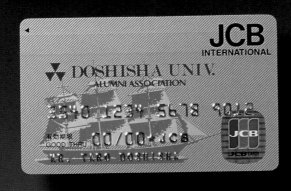

龍谷大学校友JCBカード
大学校友会
UNIVERSITY ALUMNI CLUB

同志社校友会 JCBカード
大学校友会
UNIVERSITY ALUMNI CLUB

神戸女子薬科大学同窓会 JCBカード
大学校友会
UNIVERSITY ALUMNI CLUB

OMC 流通科学大学 有朋会カード
OMC UMDS YUHO-KAI-CARD
大学校友会
UNIVERSITY ALUMNI CLUB

TG会 UCカード
UC TOHOKU GAKUIN ALUMNI ASSOCIATION-CARD
大学校友会
UNIVERSITY ALUMNI CLUB

ソフィアンズ UCカード
SOPHIANS UC-CARD
大学校友会
UNIVERSITY ALUMNI CLUB

早稲田 UCカード
UC WASEDA UNIVERSITY-CARD
大学校友会
UNIVERSITY ALUMNI CLUB

日大カード
大学校友会
UNIVERSITY ALUMNI CLUB

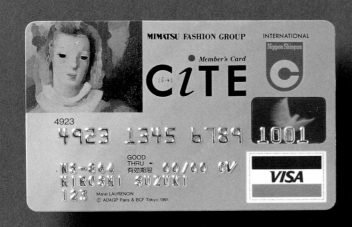

CITEメンバーズカード
専門店
SPECIALTY SHOP

ミサワウィングカード
情報サービス
INFORMATION SERVICE

ハクビカード
スクール
SCHOOL

GIO CLUBカード

テンポラリーカード
人材派遣
DISPATCH OF PERSONNEL

オーケストラ・アンサンブル金沢カード
石川県音楽文化振興事業団

ティノスカード

シーグレアカード

カミテッカ VISAジョイントカード
アパレル
APPAREL

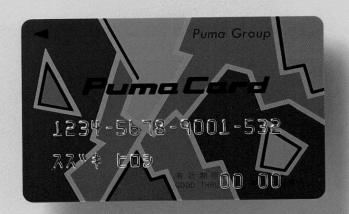

PINカード
カー用品販売
SALE OF AUTOMOTIVE PARTS AND ACCESSORIES

ニョロカード
カー用品販売
SALE OF AUTOMOTIVE PARTS AND ACCESSORIES

イエローカード

ビューマカード
カー用品販売
SALE OF AUTOMOTIVE PARTS AND ACCESSORIES

神戸ウェストカード
専門店街
SHOPPING MALL

千林ショッピングストリートカード
専門店街
SHOPPING MALL

神戸ウェストカード
専門店街
SHOPPING MALL

千林ショッピングストリートカード
専門店街
SHOPPING MALL

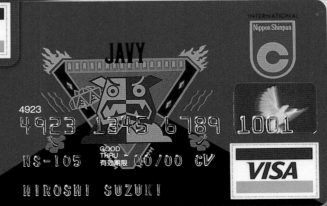

ナニワサークルカード
専門店
SPECIALTY SHOP

JAVYカード

INTERNATIONAL

Coco!
倶楽部

4986 1234 5678 9008

MC
GOOD THRU
有効期限 00/00 CV

ICHIRO NAKAMURA

VISA

ココ倶楽部カード
コンビニエンスストア
CONVENIENCE STORE

INTERNATIONAL

THE
LANDMARK
TOWER
YOKOHAMA

DC

4534 0123 4567 8900
4534

DC
GOOD THRU
有効期限 00/00 CV

TARO MITSUBISHI

VISA

ランドマークタワー DCカード
LANDMARK TOWER DC-CARD
専門店街
SHOPPING MALL

INTERNATIONAL

MARUZEN
ACADEMIC MEMBERS

uc

5250 1234 5678 9000

1260 UC VALID THRU
有効期限 00-00

TARO TANAKA

MasterCard

UC 丸善アカデミックカード
UC MARUZEN ACADEMIC-CARD
専門店
SPECIALTY SHOP

INTERNATIONAL

miki HOUSE

uc

5250 1234 5678 9000

1260 UC VALID THRU
有効期限 99-99 K

TARO TANAKA

MasterCard

ミキハウス UCカード
MIKI HOUSE UC-CARD
アパレル
APPAREL

INTERNATIONAL

FC YAMAHA feelin' club
UC CARD

uc

5250 1234 5678 9000

1260 UC VALID THRU
有効期限 00-00 K
HANAKO YAMAHA
FC01 YAMAHA GAKKI

MasterCard

YAMAHA FC UCカード
YAMAHA FEELIN' CLUB UC-CARD
専門店
SPECIALTY SHOP

GC Four-Mカード
GC Four-M-CARD
クレジット
CREDIT

GC ON SERVICEカード
GC ON SERVICE-CARD
通信機器販売
SALE OF TELECOMMUNICATION EQUIPMENTS

横浜ポルタ DCカード
専門店街
SHOPPING MALL

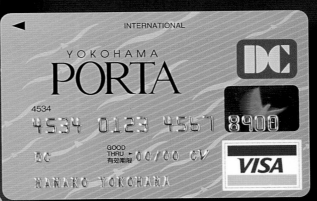

プリマリエカード
PRIMARRIE-CARD
冠婚葬祭
CEREMONIAL OCCASIONS

プリマリエ ビザカード
PRIMARRIE VISA-CARD
冠婚葬祭
CEREMONIAL OCCASIONS

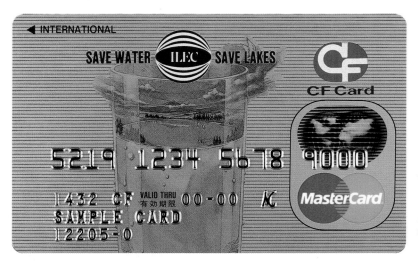

ILECマスターカード
国際湖沼環境委員会

パセーラカード
PACELA-CARD
不動産
REAL ESTATE

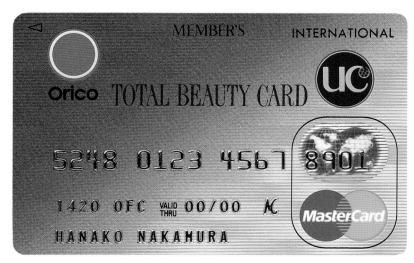

トータルビューティカード
TOTAL BEAUTY-CARD
薬品
DRUGS

ららぽーと BAYカード
専門店街
SHOPPING MALL

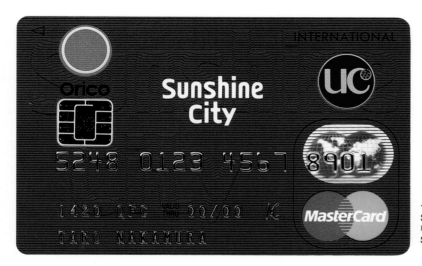

サンシャインシティカード
SUNSHINE CITY-CARD
専門店街
SHOPPING MALL

銀座カード
GINZA-CARD
専門店街
SHOPPING MALL

タスコカード

CCカード　　　ウィルメンバーズカード

アミューズ248カード
百貨店
DEPARTMENT STORE

ジャノメJ'sクラブカード
専門店
SPECIALTY SHOP

ジャノメJ's クラブカード
専門店
SPECIALTY SHOP

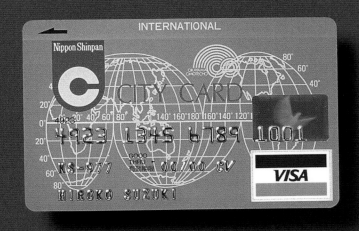

シティーカード
岡山市表町商店街連盟

アビトメンバーズカード

メイワンクラブカード
ショッピングセンター
SHOPPING CENTER

HIGUCHI CARD
1234-5678-9001-137

スズ゛キ ヒロコ

00-0
HIGUCHI CO.,LTD.GROUP

HIGUCHI CARD
1234-5678-9001-137

スズ゛キ ヒロコ

00-0
HIGUCHI CO.,LTD.GROUP

ヒグチカード
アパレル
APPAREL

CREST CLUB CARD
1234-5678-9001-934

有効期限
123-12345   00-00

HIROKO SUZUKI

クレストクラブカード

Nippon Shinpan

TAMAYA
INTERNATIONAL

4923
4923 1345 6789 1001

NS-952
GOOD
THRU   00/00 CV
有効期限

VISA

HIROKO SUZUKI

TAMAYA INT'L-CARD
アパレル
APPAREL

ベル メンバーズカード
アパレル
APPAREL

ベル メンバーズカード
アパレル
APPAREL

メルスカード
アパレル
APPAREL

MELS VISAカード

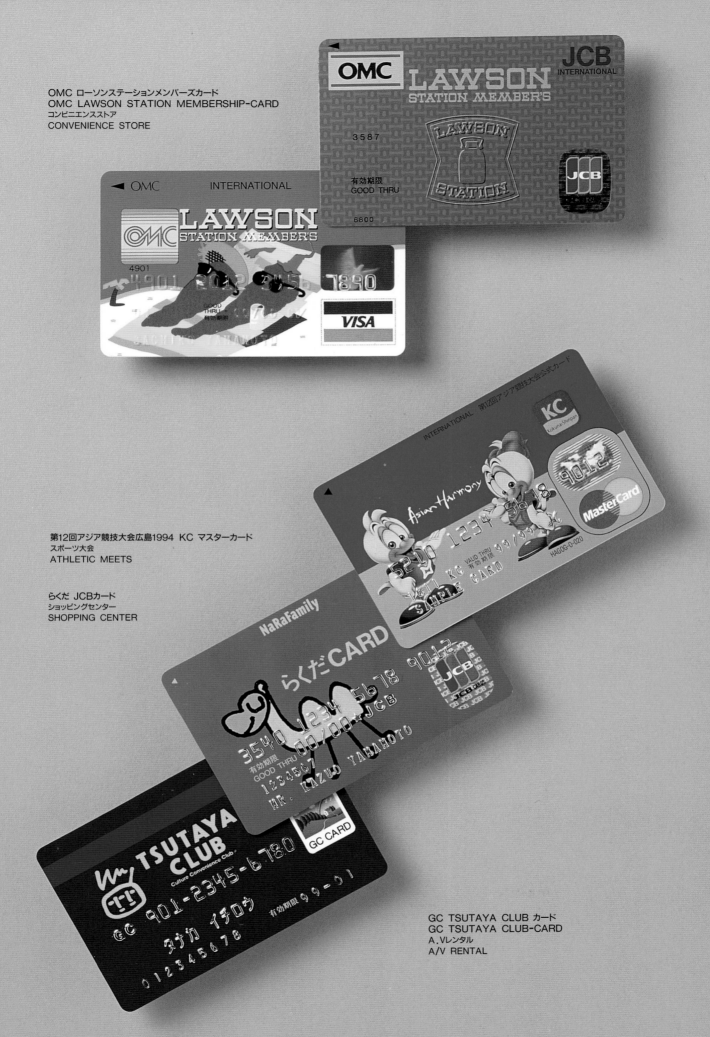

OMC ローソンステーションメンバーズカード
OMC LAWSON STATION MEMBERSHIP-CARD
コンビニエンスストア
CONVENIENCE STORE

第12回アジア競技大会広島1994 KC マスターカード
スポーツ大会
ATHLETIC MEETS

らくだ JCBカード
ショッピングセンター
SHOPPING CENTER

GC TSUTAYA CLUB カード
GC TSUTAYA CLUB-CARD
A.Vレンタル
A/V RENTAL

oniビジョンカード
ネットワーク
NETWORK

読売ファミリーサークルカード
友の会
CIRCLE

アカシャツカード
アパレル
APPAREL

エルコムカード

星電ラビングカード
家電販売
SALE OF ELECTRIC APPLIANCES FOR HOME USE

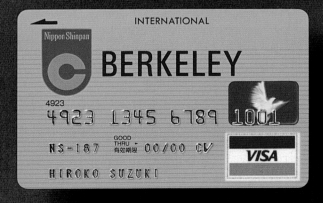

ボヌールモアカルトカード
アパレル
APPAREL

DOVEカード

バークレイVISAカード
アパレル
APPAREL

アルバカード
雑誌
MAGAZINE

タスカード
宝石店
JEWELRY SHOP

メイワンカード
開発
DEVELOPMENT

サコスマインドクラブカード

ゼンモールカード

CASPAカード

クマガヤカード
開発
DEVELOPMENT

ウィナーズクラブカード

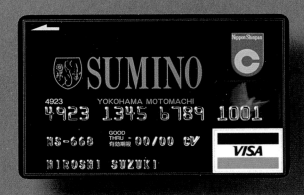

SHOP&SHOPS-CARD
アパレル
APPAREL

スミノ メンバーズカード
アパレル
APPAREL

森長メンバーズクラブカード
アパレル
APPAREL

ナガトモ ロングフレンドカード
チェーン開発
FRANCHIZE DEVELOPMENT

JCB ジャイアンツカード
プロ野球チーム
PROFESSIONAL BASEBALL TEAM

JCB タイガースカード
プロ野球チーム
PROFESSIONAL BASEBALL TEAM

CENTRAL LEAGUE　JCB INTERNATIONAL

GIANTS

3540
3540 1234 5678 9012
有効期限
GOOD THRU 00/00★JCB
MR. KAZUO YAMAMOTO
2640
INTERNATIONAL

CENTRAL LEAGUE

Tigers

3540
3540 1234 5678 9012
有効期限
GOOD THRU 00/00★JCB
MR. KAZUO YAMAMOTO
2644
INTERNATIONAL

CENTRAL LEAGUE

CARP

3540
3540 1234 5678 9012
有効期限
GOOD THRU 00/00★JCB
MR. KAZUO YAMAMOTO
2645
INTERNATIONAL

JCB カープカード
プロ野球チーム
PROFESSIONAL BASEBALL TEAM

JCB ドラゴンズカード
プロ野球チーム
PROFESSIONAL BASEBALL TEAM

CENTRAL LEAGUE

Dragons

3540
3540 1234 5678 9012
有効期限
GOOD THRU 00/00★JCB
MR. KAZUO YAMAMOTO
2643

CENTRAL LEAGUE　JCB INTERNATIONAL

Swallows

3540
3540 1234 5678 9012
有効期限
GOOD THRU 00/00★JCB
MR. KAZUO YAMAMOTO
2641
INTERNATIONAL

CENTRAL LEAGUE

BayStars

3540
3540 1234 5678 9012
有効期限
GOOD THRU 00/00★JCB
MR. KAZUO YAMAMOTO
2642

JCB スワローズカード
プロ野球チーム
PROFESSIONAL BASEBALL TEAM

JCB ベイスターズカード
プロ野球チーム
PROFESSIONAL BASEBALL TEAM

日本ハムファイターズ JCBカード
ファンクラブ
FAN CLUB

オリックス・ブルーウェーブ JCBカード
ファンクラブ
FAN CLUB

マリーンズクラブ JCBカード
ファンクラブ
FAN CLUB

近鉄グループカード「Kipsバッファローズ・ファンクラブ会員証」
ファンクラブ
FAN CLUB

OMC ホークスメンバーズカード
OMC HAWKS MEMBERSHIP-CARD
プロ野球チーム
PROFESSIONAL BASEBALL TEAM

ポンキッキ・クラブ　会員カード
ファンクラブ
FAN CLUB

SENSHUKAI MEMBER'S CARD

Anytime anywhere
you can have
anything

3540 1234 5678 9012

有効期限
GOOD THRU 00/00 ★JCB

MS. KAZUKO SENSHU
2605

JCB
INTERNATIONAL

JCard

3540 1234 5678 9012

有効期限
GOOD THRU 00/00 ★JCB

MR. UMEKICHI HANAHAKU
2626

JCB
INTERNATIONAL

千趣会 JCBカード メンバーズカード
通信販売
MAIL ORDER

Iカード(生命の大樹「いのちの塔」記念カード)
国際花と緑の博覧会

◀ OMC   INTERNATIONAL

OMC
4901

Asakuma

GOOD
THRU ▶
有効期限

VISA

OMC あさくまファミリーズカード
OMC ASAKUMA FAMILY'S-CARD
飲食店
RESTAURANT

タイヤ館カード
カー用品販売
SALE OF AUTOMOTIVE PARTS AND ACCESSORIES

INTERNATIONAL
Nippon Shinpan

タイヤ館

4923

4923 1345 6789 1001

GOOD
THRU ▶ 00/00 CV
有効期限

NS-953
HIROSHI SUZUKI
999

VISA

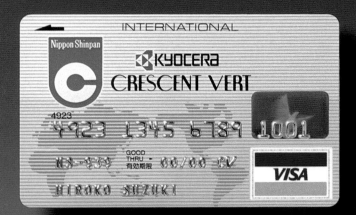

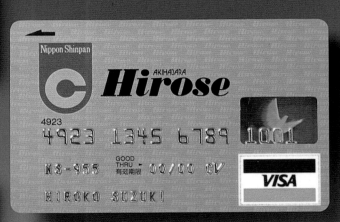

トライアスロンメンバーズカード

ミナミ電機カード
家電販売
SALE OF ELECTRIC APPLIANCES FOR HOME USE

KYOCERA CVカード

HIROSE MEMBERSHIP-CARD
家電販売
SALE OF ELECTRIC APPLIANCES FOR HOME USE

ザ・ミナミカード
家電販売
SALE OF ELECTRIC APPLIANCES FOR HOME USE

ジョン&メリーカード
専門店街
SHOPPING MALL

日本マウンテンバイク協会カード
日本マウンテンバイク協会

モナ・日本信販VISAカード
ショッピングセンター
SHOPPING CENTER

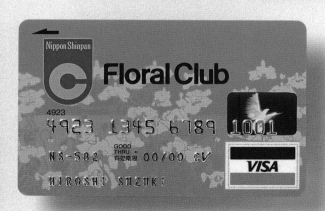

フローラルクラブカード

フラッシュ メンバーズカード
A.Vレンタル
A/V RENTAL

北鉄共済会 ベンディングカード

和光ゴールデンカード
家電販売
SALE OF ELECTRIC APPLIANCES FOR HOME USE

パスティーズカード
ファンクラブ
FAN CLUB

クライマックス メンバーズカード
A.Vレンタル
A/V RENTAL

アムゼ メンバーズカード
スポーツプラザ
SPORT PLAZA

テマリヤ メンバーズカード
専門店
SPECIALTY SHOP

REGAL CLUBカード
専門店
SPECIALTY SHOP

141メンバーズカード

三峰メンバーズカード
専門店
SPECIALTY SHOP

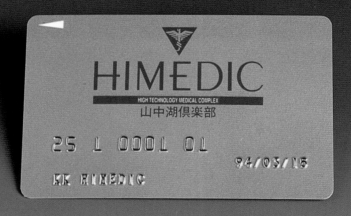

リゾートトラスト サンメンバーズ エグゼクティブクラブ
レジャー
LEISURE

ハイメディック 山中湖倶楽部
レジャー
LEISURE

リゾートトラスト エクシブ山中湖オーナーカード
レジャー
LEISURE

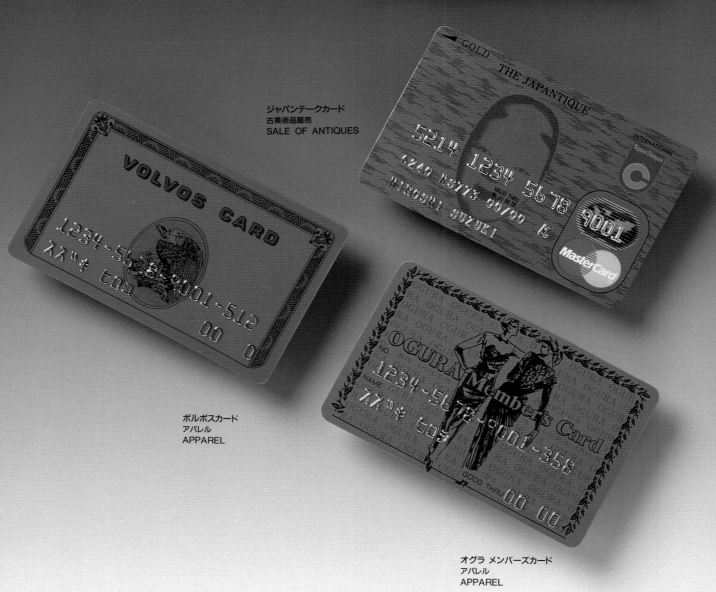

LIONS CLUB-CARD
ライオンズクラブ国際協会

ジャパンテークカード
古美術品販売
SALE OF ANTIQUES

ボルボスカード
アパレル
APPAREL

オグラ メンバーズカード
アパレル
APPAREL

MESSAGE **MESSAGE** EXPRESS

1234-5678-9001-540

スズキ ヒロシ

MESSAGE *MASCU* EXPRESS

1234-5678-9001-540

スズキ ヒロシ

MESSAGE PASSAGE EXPRESS

1234-5678-9001-540

スズキ ヒロシ

有効期限 00年 0月末

メッセージエクスプレスカード
アパレル
APPAREL

ZAZA VISAジョイントカード
アパレル
APPAREL

オギノPASEOカード
百貨店
DEPARTMENT STORE

Nippon Shinpan
ZAZA
4923
4923 1345 6789 1001
NS-157 GOOD THRU▶ 有効期限 00/00 CV
VISA
HIROKO SUZUKI

INTERNATIONAL
Nippon Shinpan
Fashion Museum
PASEO
4923
4923 1345 6789 1001
NS-061 GOOD THRU▶ 有効期限 00/00 CV
VISA
HIROSHI SUZUKI

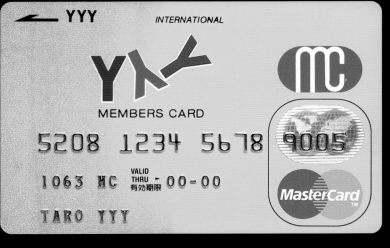

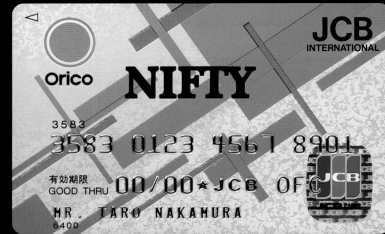

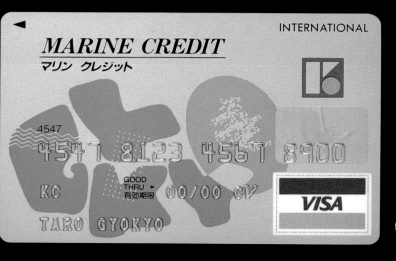

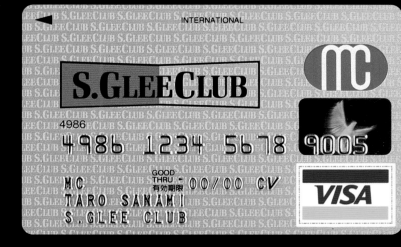

YYYメンバーズカード
専門店街
SHOPPING MALL

ニィフィティーカード
NIFTY-CARD

協同 VISA・マリンクレジットカード

S.GLEE CLUBカード
飲食店
RESTAURANT

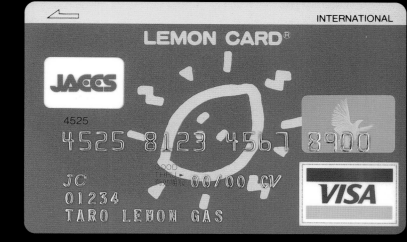

レモンカード・VISA

Paradiso JCBカード
レジャー
LEISURE

オールカード
ALL-CARD
クレジット
CREDIT

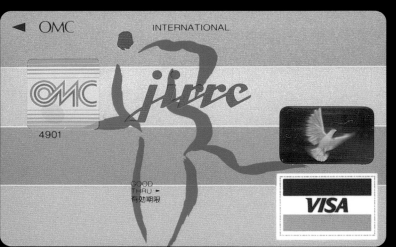

OMC JIRRC カード
OMC JIRRC-CARD
マラソン支援団体

NHKメンバーズクラブ遊&知 JCBカード

ワールドカップUSA'94 KC マスターカード
スポーツ大会
ATHLETIC MEETS

MORE/KC マスターカード
アパレル
APPAREL

PALTY CARD パルティメンバーズクラブ
AUTHORIZED PALTY SPECIALTY STORE'S POINT SYSTEM

1234-5678-9001-504

スズキ ヒロシ
1234567　　有効期限　00-00

NIPPON SHINPAN TAXI CARD

1234-5678-9001-024

GOOD THRU　00/00

HIROSHI SUZUKI

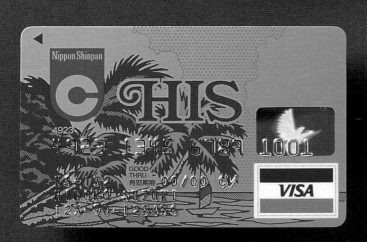

Nippon Shinpan

HIS

4923

4923 1345 6189 1001

GOOD THRU
有効期限　00/00　CV

HIROKO SUZUKI
123-90-123456

VISA

パルティメンバーズクラブカード
ショッピングセンター
SHOPPING CENTER

タクシーカード
タクシー
TAXI

HISカード
レジャー
LEISURE

中古車販売連合カード
自動車販売
SALE OF AUTOMOBILES

オークションカード
自動車販売
SALE OF AUTOMOBILES

タックカード
家電販売
SALE OF ELECTRIC APPLIANCES FOR HOME USE

ドクターラビット メンバーズカード
カー用品販売
SALE OF AUTOMOTIVE PARTS AND ACCESSORIES

足信レディースカード
銀行
BANK

ザ・新宿カード
専門店街
SHOPPING MALL

新宿ステューデントカード
協同組合新宿専門店会

コクミンカード
薬局
PHARMACY

リブカード
ショッピングセンター
SHOPPING CENTER

ヅカカード

昌栄 コンタクトレスICカード
印刷
PRINTING

フジカラー サンプル用IDカード

昌栄 アイ・シーメモリーカード
SHOEI IC MEMORY-CARD
印刷
PRINTING

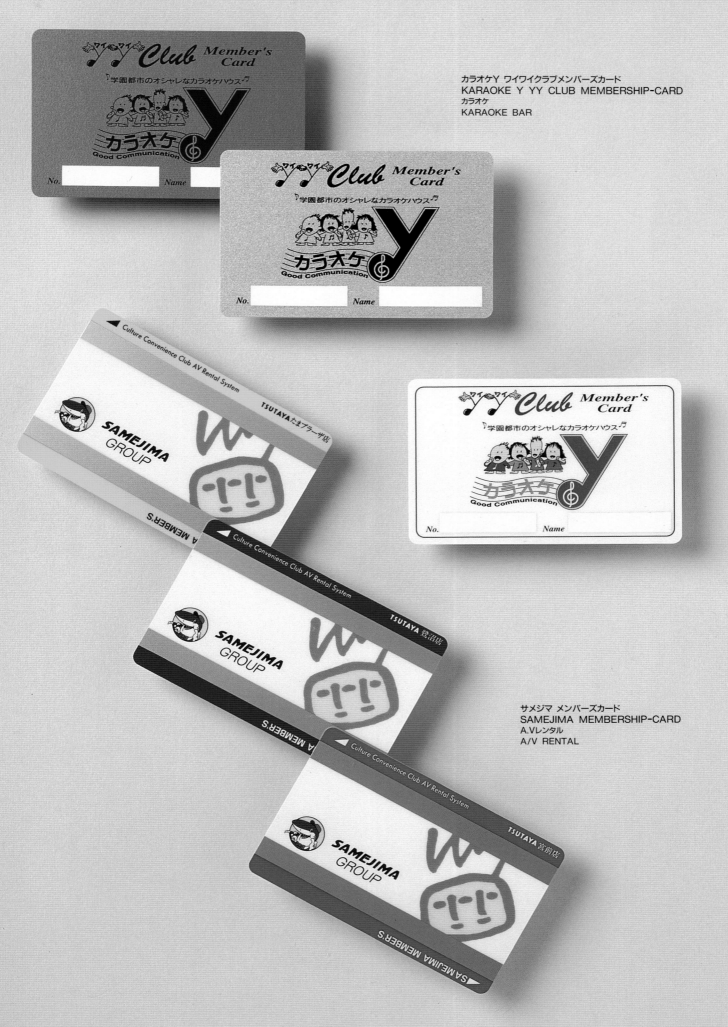

カラオケY ワイワイクラブメンバーズカード
KARAOKE Y YY CLUB MEMBERSHIP-CARD
カラオケ
KARAOKE BAR

サメジマ メンバーズカード
SAMEJIMA MEMBERSHIP-CARD
A.Vレンタル
A/V RENTAL

KOME米HOUSE MEMBER'S CARD
専門店
SPECIALTY SHOP

ほっかほっか亭メンバーズカード
HOKKA HOKKA TEI MEMBERSHIP-CARD
飲食店
RESTAURANT

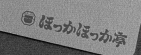

米屋庄右衛門の会 会員カード
専門店
SPECIALTY SHOP

ピカデリー メンバーズカード
A．Vレンタル
A/V RENTAL

AZERIYA-CARD
ショッピングセンター
SHOPPING CENTER

ビデオ名画座 メンバーズカード
A．Vレンタル
A/V RENTAL

三愛石油法人ハローカード
ガソリン
GASOLINE

三愛石油ハローカード
ガソリン
GASOLINE

ソラリアプラザカード
ショッピングセンター
SHOPPING CENTER

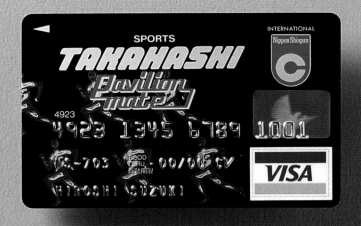

タカハシ パビリオンメートカード
スポーツ用品販売
SALE OF SPORT GOODS

ミズノALPHAカード
スポーツ用品販売
SALE OF SPORT GOODS

マルマンゴルフ メンバーズカード
ゴルフ用品販売
SALE OF GOLF GOODS

ミナミスポーツ クレジットカード
スポーツ用品販売
SALE OF SPORT GOODS

ムッシュカード
百貨店
DEPARTMENT STORE

マドモアゼルカード
百貨店
DEPARTMENT STORE

達磨屋カード

フィノカード
アパレル
APPAREL

M's SPORT 1911カード

音楽座メイトカード
劇団
THEATRICAL COMPANY

ハウズクラブメンバーズカード

NAKASAN EXCITING-CARD

新潟WITHカード
ショッピングセンター
SHOPPING CENTER

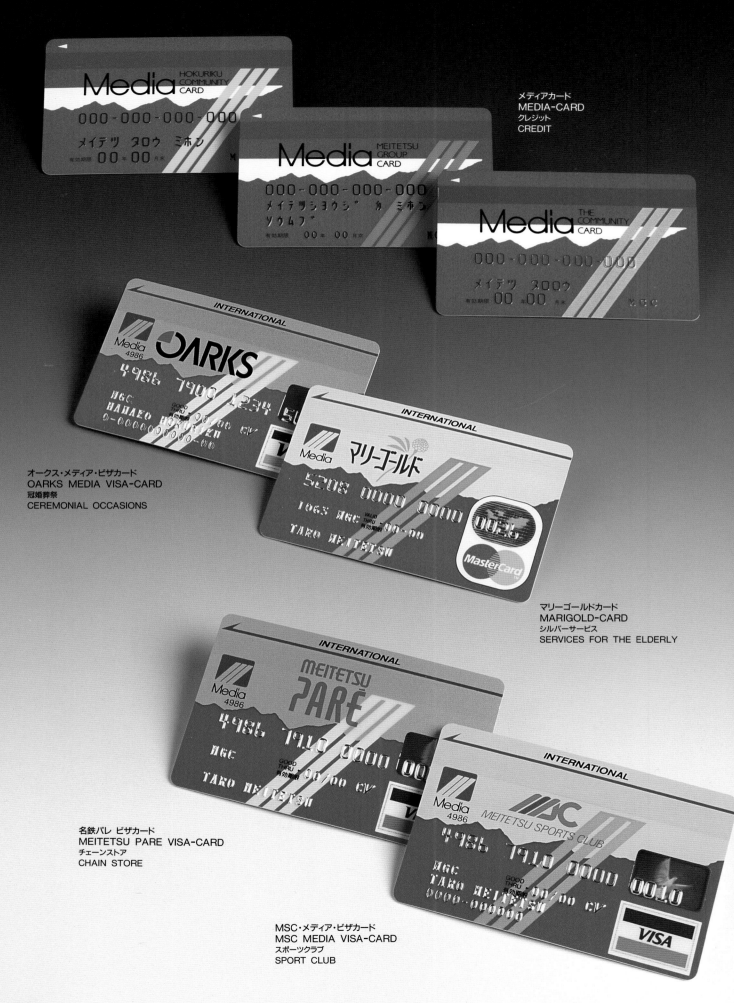

メディアカード
MEDIA-CARD
クレジット
CREDIT

オークス・メディア・ビザカード
OARKS MEDIA VISA-CARD
冠婚葬祭
CEREMONIAL OCCASIONS

マリーゴールドカード
MARIGOLD-CARD
シルバーサービス
SERVICES FOR THE ELDERLY

名鉄パレ ビザカード
MEITETSU PARE VISA-CARD
チェーンストア
CHAIN STORE

MSC・メディア・ビザカード
MSC MEDIA VISA-CARD
スポーツクラブ
SPORT CLUB

歌舞伎会メンバーズカード
レジャー
LEISURE

岡田屋モアーズカード
ショッピングセンター
SHOPPING CENTER

モダ法人メンバーズカード

ピア39カード
アパレル
APPAREL

カワサキBEカード
ショッピングセンター
SHOPPING CENTER

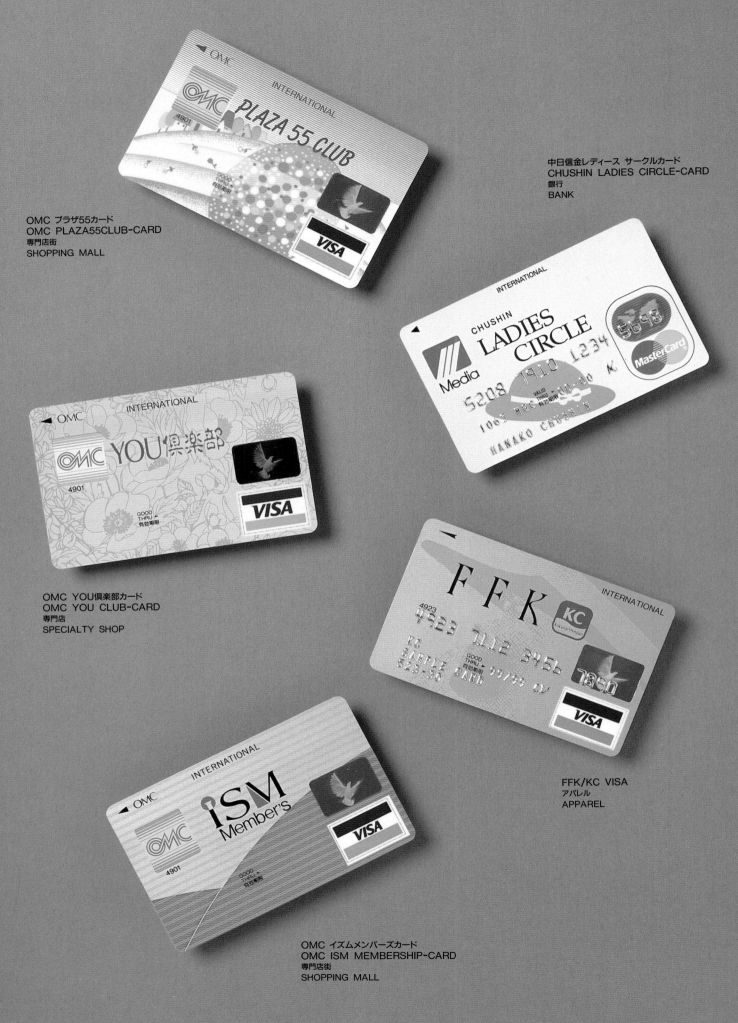

OMC プラザ55カード
OMC PLAZA55CLUB-CARD
専門店街
SHOPPING MALL

中日信金レディース サークルカード
CHUSHIN LADIES CIRCLE-CARD
銀行
BANK

OMC YOU倶楽部カード
OMC YOU CLUB-CARD
専門店
SPECIALTY SHOP

FFK/KC VISA
アパレル
APPAREL

OMC イズムメンバーズカード
OMC ISM MEMBERSHIP-CARD
専門店街
SHOPPING MALL

MY CITY-CARD
ステーションビル

ディノスカード

パレス21カード
ショッピングセンター
SHOPPING CENTER

ウィズシティーパルカード
専門店街
SHOPPING MALL

TATSURO YAMASHITA JCBカード
ファンクラブ
FAN CLUB

銀座東武ホテル カフェレストラン「フィオーレ」朝食定期券マティーノ
飲食店
RESTAURANT

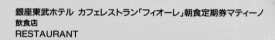

神奈川大学生協カード
生活協同組合
CONSUMERS'COOPERATIVE

神奈川大 カードCOOP CAMPUSカード
生活協同組合
CONSUMERS' COOPERATIVE

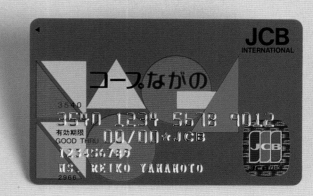

コープながの JCBカード
生活協同組合
CONSUMERS' COOPERATIVE

福岡県 学生協カード
生活協同組合
CONSUMERS' COOPERATIVE

Gracia JCBカード
生活協同組合
CONSUMERS' COOPERATIVE

CO-OPハピネスカード
生活協同組合
CONSUMERS' COOPERATIVE

PRGR MEMBERS CLUB UCカード
PRGR MEMBERS UC-CARD
ゴルフ用品販売
SALE OF GOLF GOODS

QB JCBカード
スポーツ用品販売
SALE OF SPORT GOODS

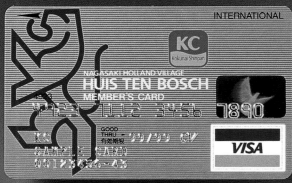

ハウステンボス メンバーズカード/KC VISA
レジャー
LEISURE

©ハウステンボス

OMC O's メンバーズカード
OMC O's MEMBERSHIP-CARD
専門店街
SHOPPING MALL

ハローズVISAジョイントカード

スタジオアスク VISAジョイントカード
アパレル
APPAREL

マツヤマカード
アパレル
APPAREL

サントリーカード

ジャックス ロイヤルウィングカード

さっぽろ雪まつりカード

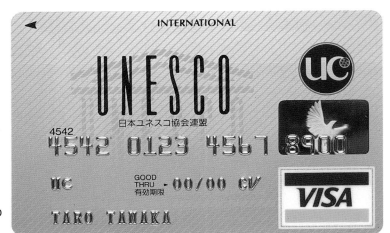

ユネスコ UCカード
UNESCO UC-CARD
日本ユネスコ協会連盟

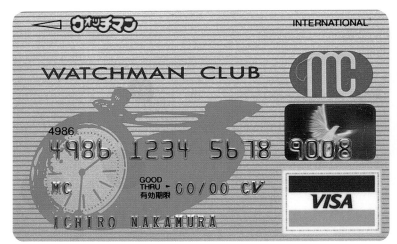

ウォッチマンクラブカード
専門店
SPECIALTY SHOP

東急リバブル 東急こすもす会ロイヤルカード
不動産
REAL ESTATE

東急リバブル 東急こすもす会リバブルカード
不動産
REAL ESTATE

武富士 YENカード
金融
FINANCE

レイク アートエルカード
金融
FINANCE

学生倶楽部カード

SAMMカード
アパレル
APPAREL

ハヤカワカード
スポーツ用品販売
SALE OF SPORT GOODS

ゼックスカード

横浜ゴルフ協会会員カード
横浜ゴルフ協会
YOKOHAMA GOLF ASSOCIATION

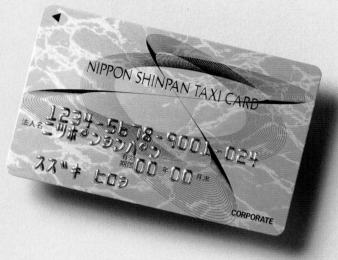

タクシーカード
タクシー
TAXI

ヘーベリアンカード

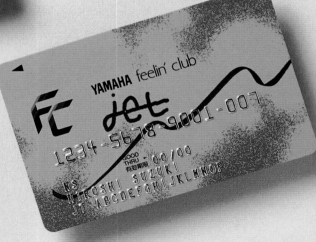

M'sインターナショナルカード

ヤマハ フィーリンクラブカード
全日本エレクトーン指導者協会

はるやまEXEカード
アパレル
APPAREL

カワサキBEカード
ショッピングセンター
SHOPPING CENTER

ツウインズS&Aカード
専門店
SPECIALTY SHOP

I.C.S.カード

N.C.C.カード
無線電機

ABLEカード
カー用品販売
SALE OF AUTOMOTIVE PARTS AND ACCESSORIES

オレンジカード

マツモトMカードゴールド
家電販売
SALE OF ELECTRIC APPLIANCES FOR HOME USE

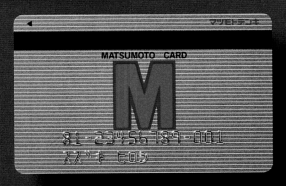

AKITA COMMUNICATIONカード

189

Jリーグ チームカード

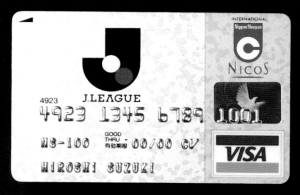

Jリーグ オフィシャルカード
プロサッカーチーム
PROFESSIONAL SOCCER TEAM

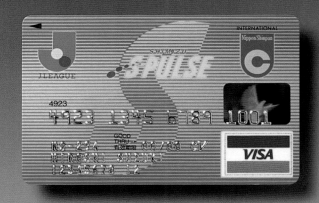

Jリーグ チームカード
プロサッカーチーム
PROFESSIONAL SOCCER TEAM

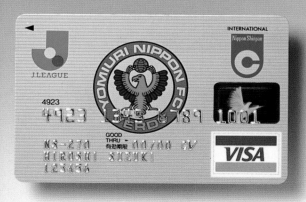

Jリーグ チームカード
プロサッカーチーム
PROFESSIONAL SOCCER TEAM

Jリーグ チームカード

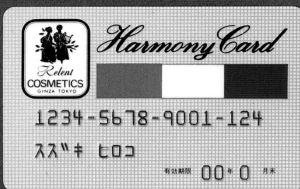

Harmony-Card

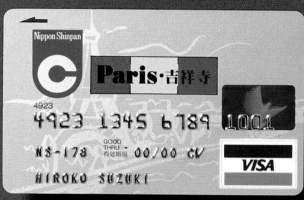

パリス吉祥寺カード

MY BESTカード

銀座森永メンバーシップカード
GINZA MORINAGA ANGEL MEMBERSHIP-CARD
飲食店
RESTAURANT

ハートフル倶楽部メンバーズカード
HEARTFUL CLUB MEMBERSHIP-CARD
ガソリンスタンド
GAS STATION

パイオニア リラクティブクラブ マザーメンバーズカード
家電販売
SALE OF ELECTRIC APPLIANCES FOR HOME USE

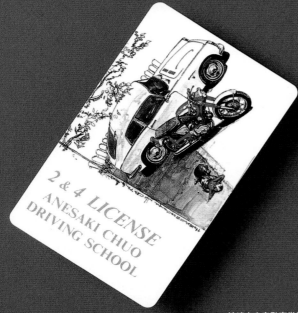

姉崎中央自動車学校カード
ANESAKI CHUO DRIVING SCHOOL-CARD
自動車教習所
DRIVING SCHOOL

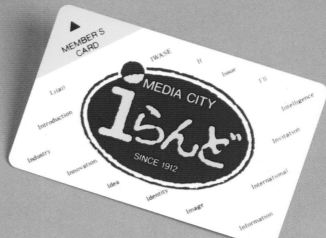

JPSメンバーズカード
ガソリンスタンド
GAS STATION

iらんどカード
専門店
SPECIALTY SHOP

CHAMELEON MEMBERSHIP-CARD
日焼けサロン
SUN-TANNING SALON

U. I. スポーツクラブ（南浦和）メンバーズカード
スポーツクラブ
SPORT CLUB

東洋カード
TOYO-CARD
パチンコ
PACHINKO GAMES

イルカの海岸上カード
ガソリンスタンド
GAS STATION

オールウェイズ100メンバーズカード
ALWAYS100 MEMBERSHIP-CARD
A.Vレンタル
A/V RENTAL

Be-1メンバーズカード
Be-1 MEMBERSHIP-CARD
パチンコ
PACHINKO GAMES

CLUB AURORA MEMBERSHIP-CARD

コスモワールドメンバーズカード
COSMO WOLRD MEMBERSHIP-CARD
カラオケ
KARAOKE BAR

COSMO WORLD MEMBER'S CARD

Liberty produced by KOHINATA MEMBER'S Liberty Member's Card

リバティメンバーズカード
LIBERTY MEMBERSHIP-CARD
美容室
BEAUTY PARLOR

DEEN OFFICIAL FANCLUB-CARD
ファンクラブ
FAN CLUB

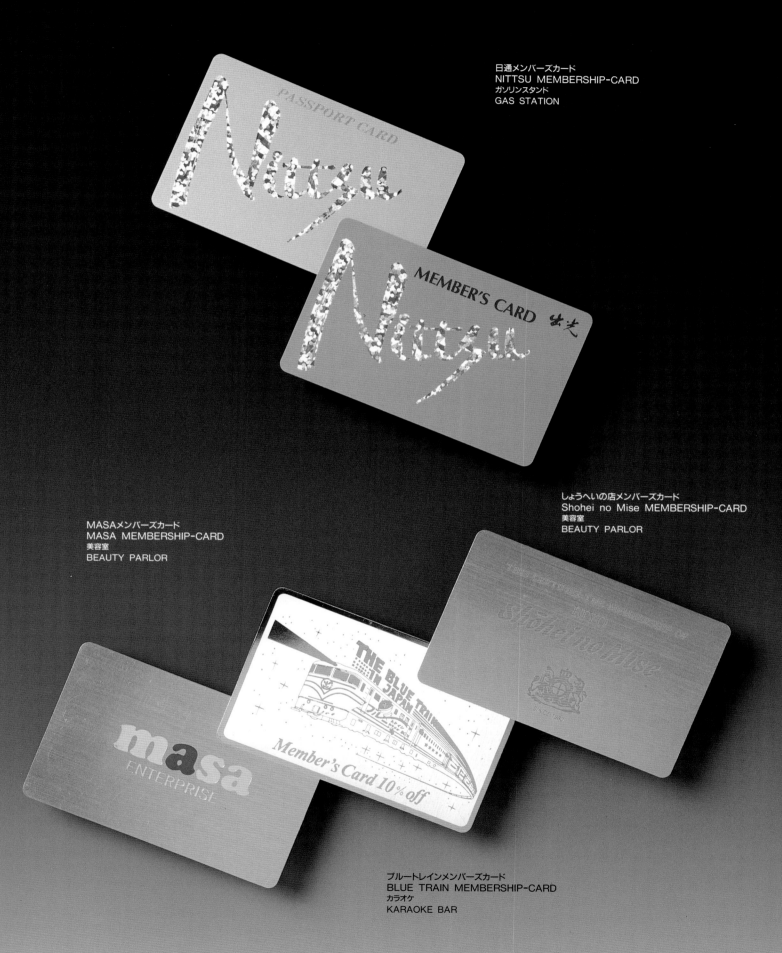

日通メンバーズカード
NITTSU MEMBERSHIP-CARD
ガソリンスタンド
GAS STATION

しょうへいの店メンバーズカード
Shohei no Mise MEMBERSHIP-CARD
美容室
BEAUTY PARLOR

MASAメンバーズカード
MASA MEMBERSHIP-CARD
美容室
BEAUTY PARLOR

ブルートレインメンバーズカード
BLUE TRAIN MEMBERSHIP-CARD
カラオケ
KARAOKE BAR

コンチネンタルメンバーズカード
自動車販売
SALE OF AUTOMOBILES

U.I.スポーツクラブ（南浦和）メンバーズカード
スポーツクラブ
SPORT CLUB

阿賀高原ゴルフ倶楽部メンバーズカード
AGAKOHGEN GOLF CLUB MEMBERSHIP-CARD
ゴルフ場
GOLF COURSE

SUN GOLF PARK REMAKE MEMBERSHIP-CARD
ゴルフ場
GOLF COURSE

MORE-CARD
ライブハウス
LIVE HOUSE

かつぬまワインクラブメンバーズカード
KATSUNUMA WINE CLUB MEMBERSHIP-CARD

CYCLONE&AMOS/3 MEMBERSHIP-CARD
自転車販売
SALE OF BICYCLES

EPSON MICRO ROBOT SYSTEM OWNER'S-CARD
サービス
SERVICE

遊々メンバーズカード
YOU YOU MEMBERSHIP-CARD
カラオケ
KARAOKE BAR

JUN SKY WALKER(S) OFFICIAL FANCLUB-CARD
ファンクラブ
FAN CLUB

ゲイン・ミュージックスクールメンバーズカード
GAIN MUSIC SCHOOL MEMBERSHIP-CARD
ミュージックスクール
MUSIC SCHOOL

PRESIDENT CLUB VIP-CARD
ホテル
HOTEL

コンチネンタルメンバーズカード
自動車販売
SALE OF AUTOMOBILES

ハリウッドムービーズメンバーズカード
カラオケ
KARAOKE BAR

ワールド ワン ゴールドメンバーズカード
WORLD ONE GOLD MEMBERSHIP-CARD
専門店
SPECIALTY SHOP

フジヤメンバーズカード
FUJIYA MEMBERSHIP-CARD
カラオケ
KARAOKE BAR

三共メンバーカード
SANKYO MEMBERSHIP-CARD
ガソリンスタンド
GAS STATION

チュンチュンメンバーズカード
カラオケ
KARAOKE BAR

TGGメンバーズカード
TGG MEMBERSHIP-CARD
カラオケ・A.Vレンタル
KARAOKE BAR・A/V RENTAL

メンバーズカード
MEMBERSHIP-CARD
ガソリンスタンド
GAS STATION

COSMO MYM-CARD
ガソリンスタンド
GAS STATION

ぐらっちぇ さんのうメンバーズカード
ガソリンスタンド
GAS STATION

神奈川ドライビング・スクール メンバーズカード
KANAGAWA DRIVING SCHOOL MEMBERSHIP-CARD
自動車教習所
DRIVING SCHOOL

PAU PAU CLUB MEMBERSHIP-CARD
レジャー
LEISURE

ORIX Rent-A-Car Card

I.D.Number

This is Not a Credit Card

オリックス レンタカーカード
レンタカー
CAR RENTAL

オリックス レンタカーカード
レンタカー
CAR RENTAL

VOLVO ORIX-CARD
レンタカー
CAR RENTAL

ASARI CLASSE HOTEL VIP-CARD
ホテル
HOTEL

ル ジャルダンメンバーズカード
LE JARDIN MEMBERSHIP-CARD
専門店
SPECIALTY SHOP

セリーヌビジュトリーカード
専門店
SPECIALTY SHOP

モンターニュ・アメニティカード
MONTAGNE AMENITY-CARD
化粧品
COSMETICS

こうじむらいクラウンクラブカード
KOJI MURAI CLOWN CLUB-CARD
ファンクラブ
FAN CLUB

フェーダクラブ会員カード
ファンクラブ
FAN CLUB

ドラゴンクエスト オフィシャル ファンクラブ会員カード
ファンクラブ
FAN CLUB

INDEX

協力会社

株式会社ダイエーオーエムシー/Daiei OMC, Inc.
〒141 東京都品川区西五反田7-21-1/7-21-1, Nishi-Gotanda, Shinagawa-ku, Tokyo 141
03-3495-8511

国内信販株式会社/Kokunai Shinpan Co., Ltd.
〒812 福岡市博多区博多駅前3-4-2/3-4-2, Hakataekimae, Hakata-ku, Fukuoka-city 812
092-451-5971

株式会社アプラス/APLUS CO., LTD.
〒541 大阪市中央区南久宝寺町3-6-6/3-6-6, Minamikyuhoujicho, Chuo-ku, Osaka 541
06-245-7771

ジーシー株式会社/GC CORPORATION
〒163-08 東京都新宿区西新宿2-4-1/2-4-1, Nishi-Shinjuku, Shinjuku-ku, Tokyo 163-08
03-3348-8685

株式会社ディーシーカード/DC CARD CO., LTD.
〒150 東京都渋谷区道玄坂1-3-2/1-3-2, Dogenzaka, Shibuya-ku, Tokyo 150
03-3464-6611

協同クレジットサービス株式会社/KYODO CREDIT SERVICE CO., LTD.
〒101 東京都千代田区内神田1-1-12/1-1-12, Uchikanda, Chiyoda-ku, Tokyo 101
03-3294-1871

凸版印刷株式会社/TOPPAN PRINTING CO., LTD.
〒110 東京都台東区台東1-5-1/1-5-1, Taito, Taito-ku, Tokyo 110
03-3835-5111

日本信販株式会社/Nippon Shinpan Co., Ltd.
〒113-91 東京都文京区本郷3-33-5/3-33-5, Hongo, Bunkyo-ku, Tokyo 113-91
03-3811-3111

株式会社オリエントコーポレーション/Orient Corporation
〒170 東京都豊島区東池袋3-1-1/3-1-1, Higashi-Ikebukuro, Toshima-ku Tokyo 170
03-3989-6111

日本アムス株式会社/NIHON AMS CO., LTD.
〒162 東京都新宿区山吹町130/130, Yamabuki-cho, Shinjuku-ku, Tokyo 162
03-3235-7651

あさひ銀ユニオンクレジット株式会社/ASAHI BANK UNION CREDIT CO.,LTD.
〒102 東京都千代田区麹町1-4-4/1-4-4,Kojimachi,Chiyoda-ku,Tokyo 102
03-3239-6311

共同印刷株式会社/KYODO PRINTING CO.,LTD.
〒112 東京都文京区小石川4-14-12/4-14-12,Koishikawa,Bunkyo-ku,Tokyo 112
03-3817-2111

株式会社名鉄メディア/MEITETSU MEDIA CO.,LTD.
〒450 名古屋市中村区名駅4-5-28/4-5-28,Meieki,Nakamura-ku,Nagoya-city 450
052-581-4111

ユーシーカード株式会社/UC CARD CO.,LTD.
〒101 東京都千代田区鍛治町1-10-7/1-10-7,Kaji-cho,Chiyoda-ku,Tokyo 101
03-3254-6751

昌栄印刷株式会社/SHOEI PRINTING CO.,LTD.
本社 〒544 大阪市生野区桃谷1-3-23/1-3-23,Momodani,Ikuno-ku,Osaka-city 544
06-717-1181
東京 〒102 東京都千代田区飯田橋4-2-1/4-2-1,Iidabashi,Chiyoda-ku,Tokyo 102
03-3237-9261

株式会社ジャックス/JACCS CO.,LTD.
〒150 東京都渋谷区恵比寿4-1-18/4-1-18,Ebisu,Shibuya-ku,Tokyo 150
03-5448-1311

株式会社ジェーシービー/JCB CO,.LTD.
〒101 東京都千代田区神田駿河台1-6/1-6,Surugadai,Kanda,Chiyoda-ku,Tokyo 101
03-3295-1700

株式会社ナテック/NATEC INCORPORATED
〒111 東京都台東区三筋1-4-8/1-4-8,Misuji,Taito-ku,Tokyo 111
03-3861-0317

株式会社セントラルファイナンス/CENTRAL FINANCE CO.,LTD.
〒460 名古屋市中区錦3-20-27/3-20-27,Nishiki,Naka-ku,Nagoya-city 460
052-203-1111

株式会社ミリオンカード・サービス/Million Card Service Co.,Ltd.
〒460 名古屋市中区大須4-11-52/4-11-52,Osu,Naka-ku,Nagoya-city 460
052-251-1221

イオンクレジットサービス株式会社/ÆON CREDIT SERVICE CO.,LTD.
〒261 千葉市美浜区中瀬1-5-1/1-5-1,Nakase,Mihama-ku,Chiba-city 261
043-212-6400

（順不同）

CLEATIVE PLASTIC CARDS

発行人──────和田光太郎
編集──────高橋弘江
表紙デザイン───児島正基
フォトグラファー ー藤本邦治
発行日──────1994年10月31日
定価──────15,000円(本体14,563円)
発行元──────株式会社エージー出版
　　　　　　　〒160　東京都新宿区四谷4-13-6-2A
　　　　　　　TEL03-5269-6801　FAX03-5269-6810
発売元──────株式会社オーク出版サービス
　　　　　　　〒101　東京都千代田区神田神保町1-49
　　　　　　　TEL03-3219-7031　FAX03-3291-8576
印刷製本─────日本写真印刷株式会社
ISBN-900781-00-2C 3070 P15000E